RECHERCHES
SUR LA MINORITÉ

ET SES EFFETS

EN DROIT FÉODAL FRANÇAIS

Depuis l'origine de la féodalité jusqu'à la rédaction officielle des Coutumes,

PAR

H. D'ARBOIS DE JUBAINVILLE,

AVOCAT, ANCIEN ÉLÈVE DE L'ÉCOLE DES CHARTES.

PARIS,

CHEZ DURAND, LIBRAIRE,

RUE DES GRÉS, 5.

1852.

Paris. — Typographie de Firmin Didot frères, rue Jacob, 56.

Extrait d'un rapport de M. Pardessus, membre de l'Institut, président du conseil de perfectionnement de l'École des Chartes, adressé au ministre de l'instruction publique, et inséré au Moniteur *du* 7 *février* 1851.

M. d'Arbois de Jubainville (Marie-Henri) a composé des recherches sur les effets de la minorité dans le droit français au moyen âge, annonçant qu'il considérerait ce sujet sous deux points de vues : 1° l'un, qu'on peut appeler droit commun, applicable à toutes les personnes et à tous les biens, tant nobles que roturiers ; 2° l'autre, exceptionnel, applicable seulement aux personnes et aux biens nobles.

Il a traité cette seconde partie de la manière la plus étendue, et dans la vérité du mot on peut dire qu'il a épuisé une matière dont l'étude et la connaissance offrent encore beaucoup d'intérêt aux jurisconsultes, nonobstant le renouvellement de la société et de la législation, mais qui en ont un immense pour les personnes qui, voulant travailler à l'histoire de nos institutions, ont besoin de comprendre les documents anciens et si nombreux dans lesquels le droit féodal est sans cesse appliqué, cité ou supposé. Il présente les principes d'une manière claire et précise. Les textes de nos vieux praticiens, qui ont écrit sur le droit francais pendant trois siècles, depuis Pierre Desfontaines jusqu'au grand Coutumier, et dont les ouvrages ont servi à faire la rédaction officielle des coutumes aux quinzième et seizième siècles, sont cités dans un ordre parfait et avec une scrupuleuse exactitude.

M. d'Arbois n'a pas eu le temps d'achever la partie dans laquelle il se proposait de considérer la minorité sous le rapport du droit commun ; il en a seulement présenté un fragment étendu sous ce titre : *Le Mineur devant les tribunaux.* On y reconnait le même mérite que dans la partie consacrée au droit féodal, et l'on ne peut que former des vœux pour qu'il termine un jour cet excellent travail.

RECHERCHES

SUR

LA MINORITÉ ET SES EFFETS

DANS LE DROIT FÉODAL FRANÇAIS.

—◦◦◦—

INTRODUCTION.

Primitivement les concessions de bénéfices furent, en général, personnelles. Elles étaient personnelles quant au concédant, car, selon la théorie germanique, celui-ci, simple usufruitier pour ainsi dire des biens de la famille, ne pouvait en droit la dépouiller de ces biens sans le consentement des personnes dont elle se composait ; et, lorsqu'en fait il l'avait dépouillée par un contrat quelconque, ce contrat était sujet à résolution. Elles étaient aussi personnelles quant au concessionnaire, car l'acte de concession pouvait se résumer ainsi : Je vous donne telle chose à condition que vous me rendrez certains services. Il est clair que l'effet de cette convention n'avait pas la durée illimitée de de la plupart de nos contrats. En effet, une fois mort, vous ne me rendez plus les services convenus ; donc il y a inexécution des conditions ; donc je puis, s'il me plaît, considérer le contrat comme non avenu. Bien plus, c'est à vous que j'ai donné, à vous seul ; vous pouvez sans doute, tant que vous vivez, m'opposer l'acte de donation ; mais, une fois votre mort arrivée, cet acte sera inutilement produit, et votre héritier ne pourra en exciper : votre héritier n'est pas vous [1].

Tel fut, dans le droit commun de la première race et du commencement de la seconde, la théorie des concessions bénéficiaires; on l'appliqua aussi aux offices de magistrature. Mais, sous la seconde race, les choses se modifièrent dans le fond, tout en conservant la forme originaire, et la modification fut dans l'intérêt du concessionnaire. La supériorité matérielle du plus grand nombre et l'affaiblissement du pouvoir royal y eurent beaucoup de part; d'autres causes y contribuèrent aussi. D'un côté, les concessions bénéficiaires, les offices de comte, de duc, cessèrent d'être révocables à la mort du concédant : la rénovation du contrat à cette époque devint une pure formalité. D'un autre côté, le droit accordé par le contrat s'étendit aux descendants mâles du concessionnaire, sauf encore la rénovation simulée du contrat et à la charge pour les successeurs de rendre les mêmes services que ceux auxquels s'était obligé leur auteur. Ainsi, des trois causes qui primitivement faisaient cesser les effets du contrat de concession, mort du concédant, mort du concessionnaire, refus des services personnels, il n'en resta qu'une seule : l'inexécution des conditions. Mais celle-là ne perdit rien de son efficacité première.

Une fois les fiefs devenus héréditaires, il se présenta donc une difficulté. Quand un vassal ou un comte mourait, laissant un fils en bas âge, ce fils héritait; mais comme il ne pouvait rendre, comme il ne rendait pas de services personnels, le concédant était immédiatement en droit de révoquer la concession. L'enfant méritait pitié, mais dans la rigueur légale il ne pouvait rien réclamer. Ainsi le voulaient les principes, et ces principes furent appliqués. Par exemple, en 866, Robert le Fort étant mort, Charles le Chauve, à cause du bas âge de ses fils Eudes et Robert, ne leur laissa pas le duché de leur père; il en gratifia l'abbé Hugues. Vers la même époque, le comté d'Angoulême fut donné à Vulgrinus, parce que les enfants du comte Eumon étaient tous en bas âge. Mais cette impitoyable exécution de la loi était trop contraire à la nature pour rester dans la pratique et devenir ce qu'on appela plus tard une *coutume;* la tendance des esprits vers l'extension du droit d'hérédité était plus puissante que les systèmes législatifs

1. Polyptyque d'Irminon, Prolégomènes, pages 537, 538, 541 et suiv.

les mieux fondés en raison. Une autre tendance, qui se mani-
feste à la même époque, et que les feudistes ont remarquée,
offrait un moyen de concilier le droit du seigneur avec l'intérêt
des mineurs : c'était de substituer en matière de fiefs la saisie à
la commise; cette substitution eut lieu ici. Il fut admis qu'en
cas de minorité le seigneur tiendrait le fief entre ses mains et en
jouirait jusqu'à l'époque où le mineur, devenu majeur, serait en
état de le desservir.

A cette époque, le fief n'avait qu'un héritier, le fils aîné;
celui-ci excluait ses frères cadets au moment du partage, il les
excluait même pour toujours; en matière de fief, les successions
collatérales étaient encore chose inconnue.

Mais peu à peu on en vint à considérer les fiefs comme un
patrimoine. On reconnut donc à la branche cadette le droit de
succéder au fief paternel en cas d'extinction de la branche aînée;
et plus tard même on l'admit au partage en concurrence avec
celle-ci.

Cette première conquête du droit commun sur le terrain du droit
féodal, et du droit d'hérédité sur le terrain du droit seigneurial,
eut pour conséquence une autre conquête. C'était à défaut d'héritier capable que le seigneur mettait le fief entre ses mains et en
jouissait pendant la minorité du fils de son vassal : les collatéraux se présentèrent. Si le défunt n'eût pas laissé d'héritier direct,
le fief n'aurait pas fait retour au seigneur; il serait passé aux
collatéraux. Il y avait à la vérité un héritier direct, mais il devait
rester incapable pendant quatre, six ou dix ans; en définitive, cela
ne voulait-il pas dire que pendant quatre, six ou dix ans, le défunt
se trouverait sans héritier direct? Les collatéraux demandèrent
à exercer les droits héréditaires durant cet intervalle. Pourquoi
le seigneur, qu'ils auraient exclu de la succession définitive, au-
rait-il préférablement à eux profité de cette succession provisoire?
Le bail des collatéraux naquit.

L'établissement du bail des ascendants fut un autre échec subi
par le droit féodal. Le droit commun accordait aux ascendants
l'exercice des droits et actions de leurs enfants. Les ascendants
se présentèrent armés du droit héréditaire des enfants et de leur
propre capacité. Il fallut encore que les seigneurs leur cédassent
le pas; et de là le bail des ascendants.

La garde de la personne fut aussi un objet de lutte. Le seigneur
y prétendit : gardien de son vassal mineur, il pouvait diriger son

éducation et se préparer en lui pour l'avenir un *homme* fidèle, capable de remplir les devoirs féodaux. Être gardien de son vassal, c'était son intérêt, c'était son droit. Il était juste qu'il pût mettre à l'hérédité de la concession féodale telle condition qu'il lui plaisait. On lui répondit par un système qui prenait pour point de départ l'oubli de la concession ; on lui opposa la législation commune, et les parents réclamèrent la garde de l'enfant. Quelquefois l'affaire devint politique, et à cette question d'intérêt privé se trouva mêlée une question d'indépendance nationale. On en voit un exemple dans l'histoire de Richard, duc de Normandie. Richard était mineur : Louis d'Outre-mer vint à la tête d'une armée demander qu'on lui livrât son jeune vassal ; les Normands durent céder à la force ; d'ailleurs, les promesses du roi avaient donné de la confiance ; mais bientôt des bruits alarmants se répandirent : Louis d'Outre-mer voulait faire brûler les jarrets du jeune duc et assujettir pour jamais la Normandie à la domination franque. Un fidèle serviteur se dévoua, et un jour, sur ses épaules, sortit du château de Compiègne une botte de paille qui contenait avec Richard le gage de l'indépendance future de la nation normande. Cette histoire est racontée avec tous ses romanesques détails par Ordéric Vital et Guillaume de Jumiéges ; mais la Chronique de Tours, par son court récit, net et précis comme celui qu'eût écrit un jurisconsulte, nous expose clairement l'aspect légal du fait :

« Anno Othonis XI° et Ludovici regis X°, cum idem rex Richardum puerum, ducem Normanniæ, quem in custodia habebat, male tractaret, ei furatus fuit, et hominibus et parentibus suis redditus[1]. »

En général, les seigneurs succombèrent dans cette lutte ; ils perdirent à la fois la garde de la terre et celle de la personne. Cependant il y eut des exceptions, et à côté du bail des ascendants et des collatéraux on vit se conserver encore le bail, ou pour employer l'expression la plus usitée, la *garde seigneuriale*.

Dans le cours de ce travail on rencontrera souvent deux termes techniques : ce sont les mots *bail* et *garde*. Ils ont cela de commun, que dans la langue du moyen âge ils désignent à la fois une personne et le droit appartenant à cette per-

---

1. Historiens de France, tome IX, page 52.

sonne. On dit par exemple, à la fois, *je suis bail* et *j'ai un bail;* ou bien *je suis garde* et *j'ai une garde* [1]. Pour nous, à l'exemple des auteurs modernes, nous appellerons la personne *baillistre* ou *gardien*, et ce sera seulement quand il s'agira des droits que nous emploierons les expressions de *bail* et de *garde*.

Ces deux termes n'ont pas un sens bien précis [2], et leur acception a varié suivant les lieux et les temps. On peut dire, en général, que la *garde* s'applique surtout à la personne, et le *bail* aux biens; aussi, à la différence de la garde, le *bail* emporte-t-il droit aux fruits. *Bail si est de fié, en vilenage si n'a point de bail* [3], et en fief la *garde* n'est qu'exceptionnelle [4]. En Normandie, l'expression consacrée est *garde royale, garde seigneuriale;* mais en Bretagne on dit *bail*. Enfin, ce qui confirme la distinction que nous avons établie, c'est que, dans les provinces où la personne du mineur n'est pas confiée au collatéral qui fait les fruits siens, ce dernier prend le titre de *bail*, et la dénomination de *garde* est réservée à celui qui est chargé de la personne. C'est ce que l'on voit, par exemple, en Anjou.

Nous pourrions ajouter que le mari est dit *bail* de sa femme.

Comme les ascendants avaient toujours outre la jouissance de la terre le soin de la personne, et que le collatéral qui faisait les fruits siens n'avait pas toujours entre ses mains la personne, quelques auteurs appliquent au collatéral la dénomination de *bail* par opposition à celle de *garde*, qu'ils réservent pour les ascendants.

---

1. Voirs est que nul n'est contrains a penre *bail* ne estre *garde* d'enfans.... Et s'il tient enfans en *garde*.... Beaumanoir, XV, 4. — *Bail* rent quite et délivre l'éritage à l'enfant. *Ibid.*, XV, 10.

2. Cf. p. ex. Beaumanoir, XV, 10 et 31; XV, 10, et XXI, 9; etc.

3. Établ. de S. Louis, II, 18. —Beauman., XV, 7.

4. Car il ne doit estre de fief nule garde, fors que en un cas.... (Beauman. XV, 10.)

CHAPITRE PREMIER.

GARDE SEIGNEURIALE.

SECTION Ire. — *Garde seigneuriale en Normandie.*

Dans quelques provinces de France, le droit du seigneur fut plus fort que les prétentions des collatéraux et des ascendants. Cela eut lieu surtout en Normandie. Le duc de Normandie fut, parmi les hauts barons de France, un de ceux qui surent conserver sur leurs vassaux la plus grande puissance. Le maintien de la garde seigneuriale résulta de cette puissance : les prétentions des ascendants et des collatéraux ne furent pas soutenues par une force relativement suffisante.

A l'exemple du chef seigneur, les autres seigneurs normands continuèrent aussi à suivre, en cette matière, les usages primitifs de la féodalité :

« Il fu jugié que li abés de Fesquam aura la garde de l'oir Robert de Neville, dès que il quenoist que il tient de l'abé par fieu de hauberc, et les vavassories iront à l'abé o l'emfant, salve la droiture le roi[1]. »

Les Normands portèrent en Angleterre la garde seigneuriale :

« Plenam itaque custodiam habent domini filiorum et heredum hominum suorum et feodorum suorum[2]. »

Cette garde se maintint dans la Coutume officielle de Normandie, articles 213, 214 et suivants.

Mais, dès le treizième siècle, on se méprenait sur le sens de cette exception au droit commun et même à l'usage général des fiefs. On voyait une sage invention du législateur, une faveur pour la minorité, dans ce qui n'était au fond qu'une application intéressée des principes de la féodalité primitive :

« Qui gardera l'oir orfelin que il covient estre en autrui garde? La mere ne le gardera pas. Por qoi? por ce que se elle prenoit mari, et elle en avoit emfanz, li emfant, por la covoitise de l'éritage, ocirroient leur

1. Marnier, *Établissements de Normandie*, p. 189.
2. Glanville, VII, 9. — Voyez aussi Britton, c. 66, et Littleton, IV, 103.

einz né frère, et seroient oirs ; ou li mariz meismes ocirroit som fillastre por doner à ses filz l'héritage. Qui le gardera donc? Le garderont si cosin? Nanil. Por qoi? que il ne béent par aventure à sa mort et covoitent son héritage, par que il ocient l'innocent. Por oster donc tel desleauté, et por eschiver tel cruelté fu il establi que li orfelins soit en la garde à celui à qui ses pères estoit liez par homage. Qui est cil? Ce est li sires de la terre, qui l'éritage ne peut avoir en demaine : quar cil oir qui sont de noble lignage ont pluseurs oirs[1].

Quand le vassal avait plusieurs fiefs, et que ces fiefs dépendaient de plusieurs seigneurs, auquel de ces seigneurs appartenait le droit de tenir entre ses mains la personne du vassal commun jusqu'à sa majorité?

En théorie, la réserve du droit de garde était une condition mise par le seigneur à la concession du fief. Évidemment, quand ce droit avait été préalablement acquis par un seigneur, un autre ne pouvait plus l'obtenir, et toute convention postérieure faite à ce sujet par le vassal avec un autre seigneur était nulle. Celui qui avait le premier acquis ce droit le conservait nonobstant la convention formée ensuite entre son vassal et un tiers. Mais quel était le seigneur qui avait acquis ce droit le premier? Le droit à la garde seigneuriale était une clause sous-entendue dans toutes les inféodations normandes ; ainsi le seigneur, qui avait fait aux auteurs de l'enfant l'inféodation la plus ancienne, s'était aussi avant tout autre réservé le droit de garde ; il devait, par conséquent, l'exercer préférablement à tout autre. Déterminer quel était le seigneur le plus ancien, c'était chose facile : le premier rang par ordre d'ancienneté appartenait au seigneur lige ; car l'obligation de servir le seigneur lige envers et contre tous suppose absence absolue de convention antérieure, de laquelle résulterait une obligation analogue à l'égard d'autrui. Qu'en fait le seigneur lige fût le plus puissant et non le plus ancien, peu importe ; en théorie, logiquement, il était le plus ancien, la loi du moins le présumait tel, et cette présomption légale avait les effets qu'eût produits la réalité :

« Si vero plures habuerint dominos ipsi hæredes sub custodia consti-

1. Marnier, loc. cital., p. 11 et 12.

tuti, capitales eorum domini, id est illi quibus ligeantiam debent pro primis eorum feodis, eorum habebunt custodiam[1]. »

« Il purra estre heire de plusurs fées, des quex ascuns sount de plus ancien feffement que autre. Et pur ceo que le primer feffour ou le seigniour de plus ancien fee ad meillour droit en la garde del corps, et par conséquent del mariage, por la ligeaunce, que autre plus tardyfe feffour, ou le dareyn cuidera estre primer feffour et avez plus grand droit, avient ascun fois que celui, que nul droit n'ad, déforce la garde a celui que meillour droit en ad : sur quel tort est purveu remede par nostre brefe de droit de garde[2]. »

Le duc de Normandie et le roi d'Angleterre, plus puissants que leurs vassaux, exigeaient l'hommage lige de tous ceux qui tenaient directement d'eux quelque chose ; ils avaient, par conséquent, la garde de leurs personnes :

« Si quis in capite de domino rege tenere debet, tunc ejus custodia ad dominum regem plene pertinet, sive alios dominos habere debeat ipse hæres, sive non ; quia dominus rex nullum debet habere parem, multo minus superiorem[3]. »

Si de la garde de la personne nous passons à la garde de la terre, nous trouvons que le droit de saisir la terre, que pouvait exercer à défaut de services rendus tout seigneur immédiat, était le principe du droit de garde territoriale. Cette garde devait donc appartenir au seigneur immédiat du fief ; et, lorsqu'il y avait plusieurs seigneurs immédiats, elle revenait à chacun d'eux sur le fief tenu de lui. Cependant, en Normandie, le duc mettait en sa main tous les fiefs, lorsqu'il y en avait un seul tenu de lui :

« Se il avient que uns orfelins tiegne aucune chose del duc, ja soit ce que ce soit poi, et il tient plusors autres tenemenz d'un autre segneur ou de pluseurs, li dus aura la garde de l'orfelin et de toz ses tenemenz, et tandra tout en sa main, de qui que il les tiegne, quar li

---

1. Glanville, VII, 10.
2. Britton, c. 66.
3. Glanville, *loc. citat.*

dus, qui doit gouverner tout le peuple, doit garder et governer l'orfelin plus lealment[1]. »

Il me semble qu'on peut ici considérer le privilége ducal comme une usurpation, et ne lui croire d'autre fondement logique que la raison du plus fort.

Les auteurs anglo-normands généralisent ce privilége du chef seigneur par excellence, du duc et du roi.

Le seigneur s'emparait des fruits de la terre et des meubles des pupilles :

Les fruits lui appartenaient, car les fruits étaient considérés comme l'équivalent des services que le mineur ne rendait pas :

« Si le seigneur n'est servi de son fief, ni satisfait de ses droits, il le peut mettre en sa main par saisie, et en faire les fruits siens[2]. »

Quant aux meubles, les Germains et le moyen âge n'y attachaient légalement qu'une valeur minime. La loi en tenait généralement peu de compte ; et, en effet, la propriété mobilière n'avait pas encore une grande importance. En eût-elle eu, l'absence d'écriture aurait mis le plus souvent les intéressés dans l'impossibilité d'exercer leurs droits. D'ailleurs, le prêt à intérêt était défendu ; le simple prêt était naturellement rare. La propriété était donc purement immobilière ; les capitaux de rentes foncières ou constituées, et dans certains cas le prix d'un immeuble vendu, étaient eux-mêmes des immeubles. Aussi, quand une personne acquérait sur une universalité, composée de meubles et d'immeubles, cette espèce de propriété provisoire qui tenait lieu de l'usufruit romain, elle était à une certaine époque obligée de rendre les immeubles ; mais elle ne rendait pas les meubles, elle les gardait comme les fruits perçus jusque-là, comme les fruits dont ils n'étaient ordinairement que la continuation sous une autre forme.

La même règle s'appliquait à la garde des églises. Celui qui avait doté un office ecclésiastique, c'est-à-dire qui avait donné une terre pour faire vivre le clerc chargé de cet office, n'ayant renoncé à ses droits sur cette terre que jusqu'à concurrence du temps où le clerc chargé de cet office pourrait recueillir les

1. Marnier, *loc. citat.*, p. 12.
2. Loisel, *Institutes coutumières*, liv. IV, tit. III, reg. 24.

fruits, rentrait à chaque vacance dans la jouissance du bénéfice, et y restait jusqu'au terme de la vacance. Alors il restituait l'immeuble au nouveau bénéficier, mais il gardait les meubles. Tel était primitivement le droit de régale exercé par le roi et plusieurs grands vassaux. Nous verrons, plus loin, que l'ascendant ou le collatéral baillistre faisait également les meubles siens.

Ainsi le seigneur, gardien de son vassal, pouvait tout faire, pourvu qu'il ne dégradât pas, ne détruisît pas, n'aliénât pas l'immeuble :

« Plenam itaque custodiam habent domini filiorum et heredum suorum et feodorum suorum, ita quod plenam inde habent dispositionem, ut in ecclesiis, in custodiis ipsis constitutis concedendis, et in mulieribus, si quæ in eorum custodiam exciderint, maritandis, et in aliis negotiis disponendis secundum quod propria negotia disponi solent, nihil tamen de hæreditate jure alienare possunt ad remanentiam[1]. »

« Et pur ceo est ordiné que les seigniours des fees eyent les gardes de lour fees et tous les profits des issues, et les avowsons de esglises, et les gardes des gardes, sauns faire wast de bois, destruccion de tenemens, exil de villeyns, ou vente des terres[2]. »

De ces profits, nous devons retrancher certaines dépenses pour trouver le bénéfice net que produisait la garde :

1° Il fallait rendre la terre, ainsi qu'il résulte des textes que nous venons de citer, et il fallait la rendre telle qu'on l'avait reçue, sans avoir détaché, pour les retenir par devers soi, aucun des objets qui en faisaient matériellement partie ou qu'un lien intellectuel y unissait, comme ces biens que le Code civil appelle *immeubles par destination*. Il fallait rendre aux mineurs leurs terres *instauratas*, comme dit Glanville.

On lit dans la Grande charte d'Angleterre :

«Custos reddat hæredi, cum ad plenam ætatem pervenerit, terram suam totam instauratam de carucis et omnibus rebus, ad minus sicut illam recepit. »

Les jurisconsultes reproduisent le même principe presque dans les mêmes termes :

1. Glanville, VII, 9.
2. Britton, c. 66.

Et come il avera recoveré la seisine de son héritage hors de autry meyns, si volons que lour terres lour soient liverées estorées de carues et ovesques autres estors, au meyns solonc ceo que les seigniours les receurent[1].

Quand la chose du mineur avait, pendant la garde, subi une dégradation quelconque, le gardien devait indemniser le mineur, à moins que la dégradation n'eût eu lieu par cas fortuit :

« De aventure nequedent, de feu, ou de ewe ou de autre wast semblable dount les gardeyns serra de nule malice coupables soient touts gardeyns excusés[2]. »

Toutefois, malgré la prohibition de la loi, les seigneurs enlevaient souvent la terre du mineur, et s'appropriaient, à titre de meuble, tout ce qu'ils pouvaient en détacher. Voici ce qui se pratiquait à la fin du douzième siècle en fait de gardes d'églises :

« In nomine sanctæ et individuæ Trinitatis. Amen. Ego Henricus, comes Blesensis, cognomine Stephanus[3], et Adela, uxor mea, cum filiis nostris, notum fieri volumus omnibus sanctæ Dei Ecclesiæ fidelibus, tam clericis, quam laicis, præsentibus et futuris : quod Ivo, humilis Dei servus, venerabilis Ecclesiæ Carnotensis episcopus, præsentiam nostram adiit; et a nobis obnixe postulavit, quatenus domum, scilicet quam ex lignea lapideam, ex vili reddidit speciosam, ab illa prava consuetudine, quam prædecessores nostri et nos habemus in ea hucusque, liberam esse concederemus : ne scilicet, episcopis ab hac vita migrantibus, vel aliqua occasione discedentibus, præfata domus dissiparetur; ne quid ferri, vel plumbi, vel vitri, vel ligni, vel lapidis, asportaretur vel obrueretur nec a qualibet sua supellectili spoliaretur. Annona quoque, vinum, fœnum, oves, boves, et cætera animalia, omniaque mobilia, quæ sive in urbe sive extra urbem congregata vel collecta fuerint ante obitum vel discessum episcoporum, a nobis et nostris intacta dimitterentur: vel profutura episcopis, vel quibus reservare, vel donare, sive per se, sive per yconomon suum decreverint; vel majores personæ Ecclesiæ; si id episcopo, aliqua occasione prævento, facere non licuerit. Addidit etiam petitioni suæ, ut exactio, quam talliam

1. Britton, c. 66.
2. Id., ibid.
3. Mort en 1101.

vocant, quæ, defunctis episcopis vel discedentibus, fieri solet in servientes episcopi vel rusticos, simili ratione condonaretur.

« Nos tanti viri petitionem dignam frustrari indignum judicantes.... rem prætaxatam a prava consuetudine liberam reddimus, etc.[1]. »

Le treizième siècle ne valut pas mieux que le onzième, et les orphelins ne furent pas mieux traités que les églises. Les Établissements de Normandie terminent ainsi quelques lignes enthousiastes sur la garde seigneuriale :

« Et comment peuvent les seigneurs haïr ceux qu'ils ont nourris ? Ils les aimeront, par nourriture, de pur amour ; et garderont fidèlement leurs biens et leurs tenements, et mettront les issues de leurs terres en leur avancement[2]. »

« *Mais,* ajoute tristement quelque glossateur inconnu, *ava-« rice est or en droit si montée, que les seigneurs gastent les biens « aux orfelins* [3]. »

2° Une seconde obligation des seigneurs était de nourrir les enfants, de les entretenir de tout ce qui était nécessaire et de pourvoir à leur éducation. La dépense devait être proportionnelle à l'importance de l'héritage. Cette obligation était une conséquence de la patrimonialité des fiefs, une charge qui suivait la terre entre les mains du seigneur, malgré la saisie. Il aurait été logique de ne rien exempter de la saisie ; mais le mineur n'était-il pas propriétaire du fief ?

« Ita quod hæredes ipsos honorifice pro quantitate hæreditatis interim habeant (domini) [4]. »

« Ils (les mineurs) doivent estre en bonnes maisons, et enseignés d'honestes enseignemens, et quant ils seront nourris es maisons de leurs seigneurs, ils seront tenus à les servir plus lealment et à les aimer plus en vérité[5]. »

3° Une troisième obligation était de payer les dettes. C'était

1. Martenne, *Amplissima Collectio,* tom. I, pag. 621. — Brussel, *Usage des fiefs,* tome I, pages 313-314, en note.
2. Marnier, *loc. cital.,* p. 11, 12.
3. Laboulaye, *Condition des femmes,* p. 255
4. Glanville, VII, 9.
5. Marnier, *loco cital.,* p. 12.

une charge des meubles ; car les meubles comprennent les dettes. C'est une règle appliquée encore aujourd'hui en matière de communauté. Le mari est obligé de supporter les dettes de sa femme, quand même elle aurait apporté un actif moindre, quand même l'échéance des dettes serait postérieure à la dissolution de la communauté. Il en était de même de l'ascendant et du collatéral baillistre. Ainsi le voulait la logique. Mais les seigneurs, juges sans appel ou à peu près des réclamations dirigées contre eux-mêmes, purent facilement, par des précédents que justifiait la raison du plus fort, diminuer à leur égard la rigueur de cette législation.

« Restituere tenentur custodes hæreditates ipsis hæredibus instauratas et debitis acquictatas juxta exigentiam temporis custodiæ et quantitatis hæreditatis[1]. »

Les seigneurs anglo-normands ne payaient donc que les dettes échues pendant la garde, et ne déboursaient rien au delà de leur émolument. On ne pouvait leur appliquer la maxime usitée dans la plus grande partie de la France :

« Qui bail ou garde prend, quite le rend[2]. »

On voit que la garde seigneuriale n'était jamais onéreuse, souvent même on en tirait un profit considérable ; ce profit était au fond la chose importante en cette matière. Malgré le respect qu'aurait dû inspirer pour la garde seigneuriale la charge d'éducation qui y était attachée, le caractère lucratif de l'institution dominait, et la garde seigneuriale était considérée comme une propriété aliénable.

« Item si gardein en chivalry face ses executors et devy le heire esteant deins aage... les executors averont le garde durant le nonage[3]. »

Glanville prévoit même l'hypothèse d'une garde donnée par le roi en pleine propriété à quelqu'un :

Si vero dominus rex aliquam custodiam alicui commiserit, tunc di-

---

1. Glanville, VII, 9.
2. Loisel, *Institutes coutumières*, liv. I, tit. IV, regl. 11.
3. Littleton, § 125.

stinguetur, utrum ei custodiam pleno jure commiserit, ita quod nullum eum compotum reddere oporteat ad scacarium aut aliter. Si vero ita plene ei custodiam commiserit, tunc poterit ecclesias vacantes donare et alia negotia sicut sua disponere [1].

D'autres fois aussi le roi confiait la garde à un simple administrateur. Ce texte respire, on le voit, le caractère indécis d'une époque où les finances, placées au second rang dans l'État, n'étaient pas l'objet d'une organisation régulière. Après que la Normandie eut fait retour à la France, il en fut autrement. Pour faire marcher une machine gouvernementale, dont l'argent était le principal ressort, il fallut bien assurer, par une organisation régulière, la perception des revenus royaux. Les baillis de Normandie durent, aussitôt qu'une garde s'ouvrait, l'affermer au plus offrant.

« Il baudront a oyes de paroisse et par enchèrement les gardes qui escharront; et rapporteront en leur premier compte le jour qu'eles écherront, et en quoi les rentes des dites gardes seront, et diront aussi les sommes assenées pour vivre et pour douaire en leur premier compte. Et quant le roi rendra aucune garde, il rapporteront par escript le jour que la lettre leur sera présentée [2]. »

Plus tard les vicomtes remplacent les baillis. Alors le système avait pris tout son développement.

« Premièrement que les vicomtes de Normandie et chascun d'iceux, si tost comme il vendra à sa connoissance que aulcun soubs aagié soit venu en la garde dudit seigneur, ils se transporteront es lieux où les heritages d'iceluy soubs aagié seront assis, et se informeront véritablement et loyalmentquelz héritages ledit soubs aagié tendra et possédera, en quoy en seront les revenus, quels ils seront et de quelle valeur et aussi quels édifices en manoirs, moulins, fours, halles, coulombiers, étangs et autres édifices quelzconques que ledit soubs aagié tiendra et possédera, ou temps qu'il vendra en la garde du roi nostre dit seigneur.

« Item que ce fait le vicomte en la vicomté duquel icelle garde sera eschue, la baillera à ferme en la manière et condition qui s'ensuivent.

1. Glanville, VII, 10.

2. Mandement au bailli de Rouen du 20 avril 1309 (Ordonnances, I, 460).

C'est assavoir qu'il la fera crier et subhaster ès lieux et en la manière accoustumée.

« Item que il la baillera à personne souffisant et convenable plus offrant et dernier enchérisseur puissant de payer et faire les choses qui ensuivent. C'est assavoir tenir les édifices en état, payer vivres et douaires, quant ils seront duement déclariez et adjugiez et pour payer le prix d'icelle garde avec autres charges dues et accoustumées...

« Item se il ne pouvait bonement bailler les conditions dessus dites tenues et gardées, il en cueillera et recevra bien et loyalement les prouffits et émoluments en la main dudict seigneur, le temps de la dicte garde durant [1]. »

SECTION II. — *Garde seigneuriale en Bretagne.*

La Bretagne fut unie à la Normandie par les liens de la vassalité; ces deux provinces ont de plus une partie de leurs frontières commune. Une certaine analogie entre leurs coutumes est donc un fait tout naturel. Pour ce qui concerne le droit de garde, les seigneurs bretons conservèrent, en face de l'invasion du système patrimonial, une position moins bonne, il est vrai, que celle des seigneurs normands, mais supérieure à celle des seigneurs du reste de la France. Ailleurs les collatéraux les plus éloignés purent, à défaut de parents plus proches, réclamer le bail du mineur. En Bretagne, l'assise du comte Geffroy (1185) ne reconnaît ce droit qu'au frère seul. A son défaut le bail appartiendra à celui qu'auront choisi d'un commun accord le défunt et le seigneur.

« Item si terra majoris devenerit in ballium, frater major post eum bailliam habebit; quod si fratrem non habuerit, ille de amicis bailliam habeat, cui decedens cum assensu domini sui eam voluerit commendare [2]. »

Plus tard, en 1275, la plupart des barons bretons, vassaux directs du duc, obtinrent de Jean des lettres qui convertirent à leur égard le droit de bail en rachat; c'est ainsi qu'on avait déjà

---

1. Instructions données par la Cour des comptes (Mémorial D de la Chambre des comptes; cf. Laurière, *Glossaire du droit français*, I, 530-531).

2. *Assise du comte Geffroy*, art. 3 (Coutumier général, IV, 299).

modifié le droit de retour appartenant au seigneur à l'extinction de la ligne directe. Mais ce ne fut pas au profit des collatéraux, au profit du droit héréditaire, que fut remportée cette victoire. Les barons bretons se réservèrent le choix de celui qui devait avoir le bail de leur fils. Ce fut donc une augmentation de puissance paternelle, et la garde devint en quelque sorte une garde *dative*.

« Et peut celuy qui décède laisser la garde de ses enfants et de ses biens à qui il luy plaist sans que le seigneur au moyen du bail et du rachat y puisse contredire [1]. »

Mais le bail ducal continua d'être exercé sur les fiefs dont les tenanciers contemporains du traité de 1275 n'y avaient point pris part.

« Nostrates, » dit d'Argentré sur l'Ancienne Coutume de Bretagne, art. 74, « Bail appellant, cum, mortuo vassallo, ac ballii lege feudum tenente, relicto hærede ætate minori, dominus superioris feudi aperto serviente feudo fruitur, donec hæres justam viginti et unius annorum ætatem impleverit [2]. »

SECTION III. — *Garde seigneuriale dans le Miroir de Souabe.*

Le Miroir de Souabe, qui reproduit probablement les coutumes en vigueur au quatorzième siècle dans une partie du territoire français situé à l'orient de la Saône et de la Meuse, nous offre quelque chose d'analogue aux usages de la Normandie et de la Bretagne. Pendant la minorité de leur seigneur immédiat, les vassaux tenaient leurs fiefs immédiatement du suzerain ; et quand le seigneur immédiat devenu majeur avait fait hommage au suzerain, chacun reprenait sa position normale, les anciens vassaux du fief quittaient le suzerain pour venir faire hommage au seigneur immédiat et se trouvaient de nouveau médiatisés.

« Nuls hons ne peut porter témoignage en justice, s'il n'a son eage compliz ; et quant il ha repris, lye homes ly doivent requirir lour fyez ; et doivent servir le chyez seigniour, tant que li juenes hait repris, et il

---

1. Ancienne Coutume de Bretagne, art. 81.
2. Voir aussi Ancienne Coutume de Bretagne, art. 338, et Nouv. Cout., art. 354.

haient repris de luy; et doivent servir le chies seigniour an la manière que cest livre nos anseignie [1]. »

Section IV. — *Garde seigneuriale dans le reste de la France.*

Il y avait une circonstance où, dans toute la France, le seigneur pouvait exercer un droit à peu près identique à celui des barons normands et bretons. C'était lorsqu'il n'y avait point de parents, ou que les charges étant ou paraissant être plus considérables que l'émolument, les parents ne se présentaient pas; lorsqu'en un mot le bail restait vacant. Alors, puisque personne ne faisait hommage, le seigneur saisissait le fief et faisait les fruits siens.

« S'il avient qu'aucuns baus esquiée et nus ne se trait avant por le bail recevoir, porce qu'il y a trop de détes, ou porce que li enfant sont près de lor aage, si que le paine de celi à qui li baus apartient ne seroit pas emploié, ou por ce qu'il ne plest à penre à nului, li sires en ces cas pot tenir le fief par défaute d'omme, dusques à tant que li enfes vient à son homage toz aagiés [2]. » « Le chevalier et la dame ont laissé un enfant ou plusieurs soubsaagé, ils n'ont aucuns amis ne parents qui veulent entrer au bail ne racheter leur fief; le seigneur met le fief en sa main par défaute d'homme [3]. » « Quant baus esquiet et on ne trueve qui le prengne.... li sires pot penre le fief an se main par défaute d'omme, et sont soies acquises toutes les levées du fief dusqu'à tant que l'oir a aage, sans déte paier [4]. »

Les derniers mots de cette citation prouvent que, dans ce cas, la coutume n'obligeait pas le seigneur à payer les dettes. Le seigneur normand payait les dettes parce qu'il s'appropriait les meubles; en général, il y trouvait encore son profit, mais dans le reste de la France les seigneurs gardiens, quand la succession était mauvaise, auraient eu à payer plus qu'ils n'auraient reçu. Ils ne prenaient pas les meubles, nulle part les textes ne les leur attribuent; on ne pouvait donc leur faire payer les dettes comme

1. *Miroir de Souabe*, partie II, ch. XLVIII (Edit. française de M. Matile).
2. Beaumanoir, XV, 13.
3. Grand Coutumier, II, 29 (édit. de Charondas).
4. Beaumanoir, XV, 18.

une charge de ces meubles ; on ne pouvait non plus les leur faire payer comme une charge des immeubles.

Quant aux créanciers, il faut remarquer que le droit en vertu duquel le seigneur exerçait la saisie, était antérieur à celui du vassal débiteur, et par conséquent antérieur aussi à celui que le vassal avait pu leur concéder. Les créanciers ne pouvaient donc faire saisir civilement les fruits, tant que durait la saisie féodale, c'est-à-dire la minorité. De plus, cette minorité rendait les immeubles inaliénables; le créancier ne pouvait donc demander, avant la majorité, la vente judiciaire du fief ; il devait, à moins qu'il n'y eût des meubles, attendre, pour commencer toute poursuite, le terme assigné par la coutume à la minorité de l'enfant :

« Convient que li déteur atendent dusqu'à tant que li enfes fust aagiés et qu'il se face oirs, et adonques le poent sivir, et demander ce qui lor est deu. Et ainsi poent retarder les détes as créanciers por ce que nus ne se trait avant por recevoir le bail [1]. »

La garde de la personne revenait ici encore au seigneur. Elle était considérée comme une charge; mais protéger les faibles était un devoir des seigneurs, et parmi les prérogatives royales dont l'héritage avait été réparti entre eux se trouvait le « *Verbum regis,* » le « *Mundium regis* » de la première et de la seconde race.

« Et si est drois communs, et résons s'i acorde, que tuit enfant sous aagié, liquel ne troevent personne qui les prengne en bail ne en garde, sont et doivent estre en le garde du segneur [2]. »

En cas de négligence chez le seigneur immédiat, cette obligation remontait au suzerain.

« Se aucuns sous aagié est, qui n'a point de baill, li prévoz de la contrée le doit garder que nus torz ne li soit fez; se li sires, soz qui il est, ne s'en vielt meller [3]. »

1. Beaumanoir, XV, 13.
2. *Ibid.*, XV, 19.
3. Pierre de Fontaines, XIV, 18

Mais que le seigneur dût garder le mineur, il ne s'ensuivait pas qu'il fût obligé de le nourrir ; il aurait pu, sans violer la coutume et les principes, le laisser mourir de faim.

« La garde que li segneur ont sor lor sous aagiés n'est pas à entendre que, se li segneur ne tienne riens du lor, ne qui doie estre lor, qu'il lor doie nule soustenance, s'il ne le font par reson d'aumosne ; mais il doivent garder c'on ne lor face tort ne grief [1]. — Si l'enfant est pauvre, et qu'il n'ait de quoy vivre, sera tenu le seigneur de luy aider à vivre ? Response : Certes non [2]. »

Mais s'il n'y avait pas obligation légale de nourrir l'enfant, il y avait au moins devoir de conscience, et la loi morale qui imposait ce devoir avait sa sanction dans l'opinion publique ; car, dans l'opinion publique, l'enfant n'était-il pas le véritable propriétaire du fief que le seigneur tenait entre ses mains, des fruits dont le seigneur s'emparait par la saisie ? Et auprès de ce fief, de ces fruits, le mineur aurait manqué du nécessaire ! Aussi Beaumanoir écrivait-il :

« Quant baus esquiet et il n'est nus qui le prengne, ne qui voille mainburnir les enfans, et il n'i a nul vilenage, des quix li enfant puissent estre soustenu : li sires, qui tient lor heritage par défaute d'omme, lor doit livrer vesture et pasture, selonc que li enfes est petis ou grans ; car ce serait oevre sans misericorde de laissier morir les enfans par défaute, puis que drois lor soit aquis d'aucun héritage [3]. »

Mais quand à la féodalité militaire eut succédé une féodalité purement honorifique, on imagina un remède juridique plus énergique et plus efficace qu'un appel à la pitié des seigneurs. On leur défendit de saisir le fief « pour défaute d'omme » pendant la minorité de l'héritier. Ainsi nous lisons dans une glose intercalée dans plusieurs éditions, à notre connaissance, au milieu des textes du Grand Coutumier que nous venons de citer :

« Le dict seigneur sera tenu de luy bailler souffrance, si le dict mineur le requiert, ou à son tuteur, s'il en a ; et partant ne fera les fruits

---

1. Beaumanoir, XXI, 14.
2. Grand Coustumier, II, 29.
3. Beaumanoir, XV, 19.

siens : laquelle souffrance durera jusques à ce que le dict mineur soit en age pour faire foi et hommage. »

Telle fut aussi la décision de la Coutume de Paris.

« Item si tous les enfans auxquels appartient aucun fief sont mineurs et en tutelle, le seigneur féodal est tenu de leur bailler souffrance, ou à leur tuteur ; jusqu'à ce qu'ils, ou l'un d'eux, qui puisse faire la foi, soient en age [1]. »

CHAPITRE DEUXIÈME.

BAIL DES ASCENDANTS ET DES COLLATÉRAUX.

L'histoire de la féodalité française, considérée sous un de ses points de vue principaux , offre une suite de conquêtes par laquelle le domaine utile, d'abord simple usufruit, a peu à peu réduit le domaine éminent, c'est-à-dire la vraie propriété, à une nullité presque absolue, sauf ces quelques droits honorifiques qu'effaça enfin la révolution de 1789. La victoire du bail des ascendants et des collatéraux sur la garde seigneuriale fut une des premières phases de cet envahissement progressif.

D'abord chaque admission d'un ascendant ou d'un collatéral au bail avait été, de la part des seigneurs, un acte de libéralité. Cet acte pouvait bien en fait avoir été obtenu par la force, mais l'absence de toute prescription de la coutume à cet égard lui laissait légalement son caractère de concession librement accordée.

« Pontifex vero ejecto Johanne præcavens in futurum et timens ne, vel ille Johannes, vel quilibet tyrannus huic similis in castellaturam illam aut vi aut ingenio intraret et postea justus hæres, eum repetens inde, turbas faceret; ultro Hugonem, Guatteri Castellani defuncti nepotem, eo quod legitime hæres erat, adscivit, eique castellaturam illam concessit. Et quia ille Hugo adhuc puer erat, sed propinquum quemdam, Ancellum nomine, moribus, armis egregium habebat, hujus custodiæ puerum cum bono ejus commisit, quem Ancellus ille usque ad præfinitum tempus optime et fideliter rexit [2]. »

---

1. Article 28 de la Cout. de 1510.
2 Baldéric le Rouge, *Chronique de Cambray et d'Arras*, l. III, c. 66.

Mais de pareilles concessions, plusieurs fois répétées et interprétées par le concessionnaire d'une manière tout autre que par le concédant, formèrent des précédents que l'on invoqua et créèrent bientôt une coutume nouvelle ; le droit des ascendants ou des collatéraux au bail des mineurs devint un des articles du code féodal français. Il s'est conservé dans notre usage général jusqu'au quinzième siècle. A cette époque, par un autre changement de législation, le domaine éminent reçut une atteinte plus forte encore, et le domaine utile un caractère nouveau de ressemblance avec la propriété.

Nous commencerons par examiner à quels ascendants, à quels collatéraux appartenait le bail. Nous étudierons ensuite les obligations et les droits du baillistre.

SECTION I. — *A qui appartenait le bail.*

Celui qui est investi de la puissance paternelle a le bail préférablement à tout autre s'il remplit les conditions de capacité suffisantes. Ainsi, une fois le père ou la mère mort, la personne de l'enfant noble, comme celle du roturier, le fief de l'orphelin, comme son vilenage, restent confiés au survivant.

« Baillage ne doit nus aver, se le fié ne li peut escheir, fors que en une manière : lequeil qu'il ait des deux celui emporte le baillage de tenir le fié devant tous autres parens pour l'assise. . . . . Et le baillage de pere ou de mere est entérin ; car il a le fié et l'enfant en garde pour ce que l'escheite dou fié ne peut venir a lui [1]. — Il est coustume en Champaigne que se une dame demeure veve, et elle ha petis enfans, elle en doit avoir le bail et l'avouerie. . . . . Ce fu jugé à Troyes l'an M CC LXXVIII [2]. »

1. Philippe de Navarre, c. 22.
2. Li droits et li coustumes de Champagne et de Brie, § 5. Voyez aussi : Jean d'Ibelin, c. 170, qui a littéralement copié Philippe de Navarre ; Établissements de saint Louis, liv. I, c. 17 ; Ordonnance de 1246 sur le bail et le rachat dans l'Anjou et dans le Maine ; Grand Coustumier de Charles VI, liv. II, ch. 28 (édit. Charondas, pag. 195) ; Somme rurale, partie 1re, titre 93 (édit. Charondas, pag. 527). Dans une partie de ces textes il est seulement question du bail de la mère. En effet, le père était, en général, le seul des deux qui fût propriétaire de fief ; les filles recevaient des meubles en mariage et renonçaient à la succession paternelle. Ordinairement donc il n'y avait lieu à bail qu'au décès du père.

A défaut du père et de la mère, un ascendant d'un degré plus éloigné était investi de la puissance paternelle; il l'était aussi par conséquent du bail.

« Enfant noble, orphelin de père et mère, ayant ayol, icelui aiol a la garde dudit orphelin; et aussi, à cause de la garde, acquiert tous les meubles desdits père et mère, et qu'ils avoient au tems de leur trespassement solvendo debita [1]. »

« Un gentilhomme et sa femme sont morts et ont des enfans soubs aage : l'homme a son père en vie, qui est grand père desdicts mineurs, et la femme a son frère en vie, quæritur qui aura le gouvernement de leurs dicts enfants soubs aage? Response : Le grand père aux enfans en aura la garde et aussi bien du côté de la mère comme du père; pour ce que les meubles aux enfans appartiennent au grand père devant tous [2]. »

A défaut d'ascendants, vient au bail, s'il a capacité suffisante, l'héritier présomptif du mineur, c'est-à-dire le collatéral le plus prochain du côté par où le fief est échu au mineur.

« Si ipsa (relicta alicujus nobilis vel alterius feodati) moriatur, ille habet ballum (puerorum), qui magis propinquus ex parte patris vel ex parte matris, ex parte cujus hereditas manet [3]. » « Bien peuvent estre garde et gouverneur d'un pupille et de son fief, la mère quant le père faut, ou l'oncle, quand le père et la mère défaillent, ou l'ante, quant oncle n'y a, ou la sœur quand elle est ainsnée du frère. Briefvement à parler, au plus prochain appartient la garde et administration du bail, qui est du côté dont le fief vient [4]. »

Cette législation présentait un grave danger. Héritier présomptif de son pupille, le baillistre avait intérêt à le faire périr pour conserver la terre; et, gardien de la personne du même pupille, puisque cette garde appartenait de droit commun au plus proche parent, il pouvait profiter de son autorité sur lui pour commettre en secret un crime qu'eût peut-être empêché la crainte salutaire de la justice humaine. Aussi voyons-nous par

1. Coustumes notoires, n° XXV.
2. Grand Coutumier, liv. II, c. 29.
3. Ordonnance de 1246.
4. Somme rurale, part. I, tit. 93.

Beaumanoir que , dans la châtellenie de Clermont , on ôtait la garde de la personne des mineurs aux baillistres collatéraux qui avaient mauvaise réputation.

« Li tiers cas par lequel les enfans puent estre osté hors de la compaignie dou bail ou de la garde à celi qui les tient, si est, quant cil qui les tient est héritiers d'avoir le droit as enfans se il morussent, et malvèse renommée laboroit contre li, et quant on set qu'il a esté accuses de cas de crieme, duquel il ne se délivra pas à s'onor, car male coze seroit, c'on laissast enfans à celi qui est mal renommés par son vilain fet [1]. »

Ailleurs on recourut à un remède préventif, d'application plus générale : le plus prochain héritier conserva la terre ; mais , qu'il eût ou non bonne réputation, la coutume lui enleva la personne du mineur, pour en charger un autre parent. Dans la terminologie adoptée pour exprimer ce système, le mot *bail* s'applique au droit de celui qui détient la terre ; le mot *garde*, au droit de celui auquel est confiée la personne.

De là cet adage cité par Jean d'Ibelin · *Bail ne deit mie garder mermiau* [2]. Avant lui , Philippe de Navarre exposait ainsi la même règle :

« S'il avient que l'eir soit merme d'aage et aucuns ou aucune, qui li partienge de là dont le fié meut, vient avant et requiert le baillage, si com il doit, il a le fié : mais l'enfant ne doit mie estre en sa garde, se le fié li peut escheir. En cest endreit a une vieille assise rimée, que l'on dit come proverbe :

Ne doit mie garder l'aignel
Qui en doit avoir la pel.

« L'enfant doit estre dou plus prochain de ses parens ou amis, à cui le fie ne peut escheir [3].. »

Telle était la coutume d'Anjou au milieu du treizième siècle.

« Ille autem, qui tenet Ballum, si terra debet ad ipsum devenire, non habet custodiam puerorum, imo propinquum post ipsum [4]. »

1. Beaumanoir, XXI, 14.
2. Livre de Jean d'Ibelin, c. 170.
3. Philippe de Navarre, c. 20.
4. Ordonnance de 1246.

Les Établissements de saint Louis y sont conformes.

« Se il avenoit que uns gentilhons morust lui et sa fame et ils eussent hoir, cil qui devroit avoir le retor de la terre de par le père ou de par la mère, si auroit la terre en garde, mais il n'auroit pas la garde des enfans ; ains l'auroit un de ses amis de par le père, qui seroit de son lignage, et devroit avoir de la terre pour reson à norrir les enfans et à pourvoir ; car cil qui ont le retor de la terre, ne doivent pas avoir la garde des enfans ; car souspeçons est qu'il ne vousissent plus la mort des enfants que la vie, pour la terre qui leur escharroit[1]. »

La Coutume officielle d'Anjou (art. 89) et celle du Maine (art. 202) décident la même chose.

Dans les derniers temps, toutes ces distinctions, tous ces expédients devinrent en général inutiles. Un grand nombre de coutumes officielles, celle de Paris entre autres, supprimèrent le bail des collatéraux. Il n'avait plus de raison d'être. Le service de justice avait depuis longtemps cessé d'être exigé. L'abolition des guerres privées et l'usage presque exclusif des troupes soldées ne laissaient plus subsister que nominalement la charge du service militaire. Ainsi de toutes les grandes obligations féodales, qui devaient être personnellement remplies et supposaient chez le possesseur du fief une certaine capacité, une seule restait, celle de l'hommage. Et pour conserver une simple formalité, fallait-il, au mépris du Digeste, du Code et des Authentiques, grever d'un usufruit la succession qu'un orphelin avait reçue de ses parents ? Parce qu'il était noble, en était-il moins propriétaire qu'un roturier ? Que le père et la mère eussent le bail de leurs enfants, rien de plus simple : le droit romain donnait au père l'usufruit du pécule adventice, et, sous l'influence germaine et chrétienne, les mœurs avaient égalé au père la mère survivante. Mais le bail des collatéraux n'avait dans le droit romain aucun fondement. Il disparut donc comme disparaissent peu à peu, mais nécessairement, tous les priviléges, quand ont cessé d'exister les charges qu'ils compensaient, les besoins qui les avaient fait créer. Le bail des ascendants subsistait ; mais, si le nom était le même, les anciens principes avaient fait place à de nouveaux. Au fond, le bail était supprimé.

1. Établissements, liv. I, c. 117.

Pour tenir un bail, il ne suffisait pas d'être l'ascendant investi de la puissance paternelle, l'héritier le plus prochain ; il fallait de plus, nous l'avons déjà dit, avoir la capacité suffisante, c'est-à-dire celle de desservir un fief. Ainsi les mâles devaient être majeurs ; et le frère aîné ne pouvait, avant sa majorité, avoir le bail de son frère puîné : jusque-là il était exclu par un autre collatéral, moins proche héritier que lui. Mais, une fois le frère aîné majeur, le bail revenait au plus proche héritier. Car

« Quand li uns des enfans est en aagiés, il doit fere l'hommage au seigneur de sa partie et tenir le bail de ses frères et sereurs sous aagiés [1]. »

Dans les anciens usages et les coutumes qui y étaient restées fidèles, une femme ne pouvait être baillistre avant son mariage ; car, ainsi que nous le verrons plus tard, à l'époque primordiale de la féodalité, une femme était incapable de tenir un fief. Quand les femmes furent admises à succéder aux fiefs, elles durent d'abord prendre pour mari l'homme qu'il plaisait au seigneur de choisir pour son vassal ; et plus tard elles firent accepter pour vassal au seigneur l'homme qu'il leur plaisait de choisir pour mari. Les mères baillistres de leurs enfants furent soumises à cette législation. Au quatorzième siècle, elle leur était encore appliquée par les Assises de Jérusalem, ce débris unique où, par exception, les habitudes militaires de la Palestine conservèrent si tard la rigoureuse logique des siècles précédents et les étranges conséquences du principe guerrier de la féodalité primitive :

« Quant feme a et tient fié qui deit servise de cors et elle le tient en irritage ou en baillage, elle en deit le mariage au seignor, par l'assise ou l'usage du reiaume de Jérusalem, de qui elle le tient : Se il la semond ou fait semondre, si comme il deit, de prendre baron [2]. »

Si la femme ne voulait pas se remarier, elle devait renoncer au bail :

« Se feme a qui baillage et doaire de fié escheit ensemble par la mort de son baron et elle ne viaut que le seignor de qui elle deit tenir son

1. Beaumanoir, XV, 2.
2. Livre de Jean d'Ibelin, c. 177.

doaire ait poeir en li marier, ou quant baillage de fié escheit à feme qui a doaire d'autre fié, et elle ne viaut que le seignor la marie, elle le peut faire ensi que quant son baron est trespassé, que elle veigne devant le seignor, avant qu'elle requiert son baillage de ses enfanz et li die ou face dire : « Sire, Dieu a fait son commandement de mon baron et je deis aveir la moitié de son fié en doaire, et l'autre moitié par le baillage de mes enfanz. Sire, et le baillage de mes enfans de cel fié je ne le viaus ores retenir, ni decervir, ni ne vos requiers orres de ceste fié que mon doaire ; si, voz porres orres faire servir comme seignor de ce qui est dou baillage de mes enfanz, et je tendrais orres mon doaire sans plus, et de mon doaire voz euffre-je l'omage et le servise que j'en dois. » Et après c'est dit il ne me semble que le seignor puisse la feme destraindre dou baillage tenir ne de li marier porce qu'elle n'aura ni ne tendra le baillage qui deit le mariage [1]. »

Les femmes qui avaient droit au bail comme héritières collatérales devaient aussi originairement se marier.

« Se baillage escheit à damoiselle qui ait douze ans au plus d'aage et elle le vueille aveir et tenir et user, c'est ce que li et ses amis doivent faire et dire, et de son aage prover, et dou seignor prier, que il lor doint poeir de marier la ou de finer a li de son mariage. Et elle doit requerre et semondre le seigneur qu'il la marie et de connaissance de court requerre [2]. »

Mais l'obligation de se marier, qui pouvait si souvent avoir des conséquences immorales, fut supprimée, et en ligne ascendante, et en ligne collatérale ; il y eut pour les femmes, comme déjà pour les hommes, une majorité féodale ; et il leur suffit dès lors de l'avoir atteinte pour être capable de tenir un fief en bail ou autrement.

Le devoir de mariage imposé à la mère était surtout une chose étrange. *Le mari est bail de sa femme*, dit un vieux brocard [3]. Ainsi, par le mariage de la mère, c'était le parâtre qui devenait baillistre des enfants. Dans la législation roturière, la mère, tu-

---

1. Jean d'Ibelin, c. 179.

2. *Idem*, c. 172.

3. Institutes coutumières, liv. 1, tit. IV, reg. 3. — « *Si relicta nobilis vel alterius « feodali se maritet, maritus suus facit homagium domino.* » — Ordonnance de 1246.

trice de ses enfants, cessait de l'être quand elle se remariait. Or c'était la tutelle maternelle qui avait fait créer le bail maternel. La première eut donc sur le second l'influence naturelle de la cause sur son effet ; elle y joignit cette force destructive par laquelle le droit commun use toujours peu à peu les institutions exceptionnelles.

Le second mariage, primitivement ordonné par la coutume, devint non pas quelque chose d'indifférent, mais même une espèce de note défavorable. Une sorte de peine pécuniaire y fut attachée : l'obligation de payer le rachat au seigneur, c'est-à-dire de lui abandonner une année de revenus. Laurière a lu, dans un ancien style du Châtelet, ce passage qu'il cite dans son Glossaire :

« Item un parastre aura bien aussi la garde des enfans de sa femme en cas de fief, mais il rachetera. »

Déjà la même règle était donnée par l'ordonnance de 1246 :

« Relicta alicujus nobilis vel alterius feodati habet in Andegavia ballum liberorum suorum, et non facit rachatum nisi se maritet. »

De plus, sans faire absolument produire à ce second mariage la perte du bail, on décida que, lorsqu'il entraînerait des conséquences fâcheuses pour les enfants, la garde devrait être donnée à une autre personne.

« Li quars cas comment on puet oster enfans hors de la compaignie de bail ou de garde a celui qui les tient, si est quant li enfant n'ont fors pere ou mere, et li peres ou le mere se marie, si que li enfant ont parrastre ou marrastre, et il est clere coze et aperte que li parrastre ou le marrastre menent malvese vie as enfans ou qu'il lor monstre sanllant de hayne. En tel cas li enfant doivent estre osté de lor main hors du pooir au parrastre ou a la marrastre [1]. »

Dès le treizième siècle il existait, même collatéralement à cette législation, d'autres usages plus conformes à la rigueur du droit commun :

« Barones Cenomann[enses]...... dicimus..... quod vidua perdit

[1]. Beaumanoir, XXI, 15.

ballum terre moventis ex parte patris puerorum, in Cenomannia, quam
citò se maritat [1]. »

Cette règle se fit peu à peu accepter partout. Aussi, au seizième siècle, Antoine Loisel la plaça-t-il au nombre des maximes
qui, réunies dans ses Institutes, résumèrent avec une remarquable précision les usages généraux de la France coutumière.

« Bail ou garde se perd par mésusage ou quand le gardien se
remarie [2]. »

Ainsi le décidait la Nouvelle Coutume de Paris (art. 268).
Cette prohibition de mariage s'étendait même au père.
Cependant la Coutume officielle d'Artois, rédigée en 1544,
conserve encore en cette matière les traditions du treizième siècle :

« L'homme ou la femme, en se remariant une ou plusieurs fois, ne
perdent le droit de bail qu'ils ont par leurs enfants mineurs [3]. »

Et les Coutumes officielles de Melun (art. 285), de Péronne
(art. 230), de Loudun (titre XXVII, art. 29, et tit. XXXIII, art. 1),
de Touraine (art. 339), de Blois (c. II, art. 9), qui ôtent le bail
à la mère remariée, le conservent au père dans le même cas.

La logique voulait que le bail des ascendants fût indivisible
comme la puissance paternelle dont elle dérivait. La Coutume
officielle de Blois décidait, en conséquence :

« Si les enfans demeurent orphelins de père et mère, ladite garde,
gouvernement et administration est déférée aux ayeuls et ayeules desdits mineurs. Toutefois audit cas les mâles sont préférés aux femelles,
les paternels aux maternels [4]. »

Mais la Coutume de Paris n'était pas conforme.
Quand le bail tombait en collatérale, s'il y avait des biens venus
du côté du père et du côté de la mère, les uns allaient au parent
le plus proche du côté du père, les autres au parent le plus proche

1. Ordonnance de 1246.
2. Liv. I, tit. IV, reg. 22. On appelait les ascendants *gardiens*, par opposition aux
collatéraux.
3. Art. 157.
4. Art. 4.

du côté de la mère : il y avait donc en ce cas deux baillistres. Mais lorsqu'il y avait plusieurs héritiers du même côté, le bail ne se partageait pas entre eux. Le fief restait indivisible, comme le voulait l'intérêt du seigneur; il appartenait tout entier au plus capable, à l'aîné, si les concurrents étaient de même sexe. S'il y avait des femmes, le mâle les excluait, car la famille excluait les étrangers, et donner le bail à une femme, c'était le donner à son mari.

« Se baus esquiet, il ne se départ pas, ains l'emporte li plus prochains tout. Et s'ils sont frères et sereurs, li ainsnés malles l'emporte sans partie des autres. Et s'il n'i a fors que sereurs, l'ainsnée l'emporte ne les mainsnées n'i ont riens [1]. »

« Tuit cil qui tiennent en fié sont en baill par la reson dou fié. Or demende l'en qui aura bail ? L'en dit que li plus près. Et s'il i a feme ou home ive, qui aura léal baill ? Li uns ou li dui ? L'en dit : Li males aura la garde. Et s'il sont trois males ives en l'eschoete, li dui [2] auront le bail et li autres aura la garde [3], et aura avenant por la garde.

« Et de tel chose si est de fié partable, car choses non partables et non de baronies, de contés qui sera de deus yves homes, ou home et feme pareil; li deus homes ont le preu et uns a la garde; et de trois frères, li ainznez a la garde [4]. Ne feme ne prent tant com il i ait homme issint près. Et se li frère ainznés est morz et ai au l'éenneté, li autre ont le bail yviement [5]. » — « En pareil degré l'aîné sera préféré aux autres [6]. »

Quand un baillistre était mort, l'ascendant, ou l'héritier le plus proche, héritait du bail. Toute disposition contraire du baillistre, exprimée sous forme testamentaire ou conventionnelle, aurait été nulle. C'était une conséquence de la vieille règle germaine qui défendait d'aliéner les propres au préjudice des héritiers.

« Alienatio feudi paterni non valet, etiam domini voluntate, nisi agnatis consentientibus, ad quos beneficium sit reversurum [7]. »

1. Beaumanoir, XV, 21.
2. L'un du côté du père, l'autre du côté de la mère.
3. Celui auquel le fief ne peut echeoir.
4. Ici le mot *garde* est synonyme de *bail*.
5. Livre de joslice et de plet, p. 22.
6. Institutes coutumières, liv. I, tit. IV, reg. 15.
7. *Liber feudorum*.

Abolie partout presque entièrement, sauf en matière de donation, cette règle continua de s'appliquer à toute espèce d'aliénation lorsqu'il s'agissait de bail. De là cet adage emprunté par Loisel à l'art. 90 de la Coutume d'Anjou :

« Bail ou garde ne se peut transporter a autrui [1]. »

On comprend cependant, d'après ce que nous avons dit sur le maintien de la garde seigneuriale en Normandie, que cette règle n'était pas applicable dans cette province. En effet, de la part du seigneur, le transport de la garde à autrui était une inféodation, une manière de mettre en valeur la terre noble, quelque chose d'analogue au bail à cens ou à ferme ; ce n'était pas une aliénation [2].

SECTION II. *Droits et obligations attachées au bail des ascendants et des collatéraux.*

L'ascendant ou le collatéral, qui était au degré voulu, avait, comme tout héritier, et contrairement à ce qui se passait souvent en cas de tutelle roturière, le droit de renoncer au bail. *Nul n'est héritier qui ne veut*, nous dit Loisel [2] ; et à cette maxime il en ajoute une autre : *Il n'accepte garde ni bail qui ne veut* [3].

Avant lui Beaumanoir avait déjà dit :

« Nul n'est contraint à penre bail sil ne veut (4). »

Telle était la jurisprudence du parlement de Paris :

« Nullus etiam supervivens tenetur accipere gardam vel ballium suorum liberorum vel aliorum de genere suo, nisi ei placeat, maxime secundum consuetudinem Campaniæ [5]. »

On en trouve encore la preuve dans les *Olim :*

« Constituta coram rege, relicta Bouchardi de Montemorenciaco,

1. Liv. I, tit. IV, reg. 21.
2. Voy. Glanville, liv. VII, c. 10 et 48.
1. Voy. le volume précédent, p. 415.
2. Institutes coutumières, liv. II, tit. V, reg. 2.
3. *Ibidem*, liv. I, t. IV, règle 4.
4. *Coutumes de Beauvaisis*, XV, 3.
5. *Aliqua de stylo Curiæ.* (Bibl. de l'École des Chartes, 2ᵉ série, t. I, p. 400.)

quondam militis; audita de novo morte mariti sui, ut dicebat, renunciavit parti ipsam contingenti de bonis mobilibus sibi et marito suo
communibus tempore, quo decessit; renunciavit insuper ballo filii sui
suscepti a dicto Bouchardo, constante matrimonio inter ipsos, dicens et
allegans consuetudinem Francie notoriam et approbatam esse talem,
quod, ex quo renunciabat parti dictorum mobilium et ballo filii sui
prædicti, non tenebatur racione dotalicii sui, nec racione sui heredi-
tagii ad solvendum aliquid de debitis, que ipsa et ejus maritus debebant tempore quo decessit. Quare petebat super hujusmodi debitis se
absolvi, et jus super hoc sibi reddi. Tandem....quia inventum fuit
consuetudinem talem esse ..... pronunciatum fuit..... ad solvendum aliquid de debitis prædictis non teneri, ... dum tamen se non
immisceat de mobilibus et ballo prædictis [1]. »

Mais celui qui a fait acte d'héritier a perdu le droit de renoncer à la succession. De même, celui qui avait fait acte de baillistre avait perdu le droit de renoncer au bail.

« Voirs est que nul nest contrains à penre bail, ne estre garde d'enfans, ne estre hoirs de nului, s'il ne li plest; mais puis c'on si sera as
sentis, si ques on ara esploitié d'aucune coze de ce qui sera tenu par
reson de bail ou de garde, ou aucuns ara esploitié comme oirs de ce qui
li sera descendu ou esqueu de costé, il ne lor loira pas à eus repentir [2]. »

La personne qui remplissait les conditions de parenté exigées
par la coutume se trouvait, à l'égard du seigneur, dans le même
rapport que toute personne ayant sur le fief un droit héréditaire.
Ses obligations étaient les mêmes : d'abord, aller trouver le seigneur en son chef-lieu, lui demander d'être mis en possession
et reçu pour homme. L'accomplissement de cette condition
préalable était imposé à quiconque succédait à un fief; c'était
un souvenir de l'époque où les fiefs n'étaient pas encore patri-
moniaux. En effet, la maxime *Le mort saisit le vif,* était étrangère au droit féodal. Originairement, à la mort du vassal, c'était
le seigneur qui se trouvait saisi; alors, par une inféodation nouvelle, le successeur du vassal défunt recevait à son tour du seigneur la saisine du fief, à charge de remplir les obligations
féodales reconnues par l'hommage. Avant d'être admis à l'hom-

1. Arrêt de 1284.
2. Beaumanoir, XV, 4.

mage, celui qui prétendait au bail devait prouver son droit devant la cour ; là, toute personne pouvait le lui contester, et, quand
les difficultés avaient été vidées, cette transmission irrégulière et
provisoire de l'hérédité féodale trouvait dans un jugement la pu-
blicité nécessaire pour éviter aux intéressés, par exemple aux
créanciers, tout dommage indépendant de leur négligence.

« Et se le père ou la mère requist le baillage de l'enfant, et l'enfant
ne fut présent en la court au jor et à l'horre que l'on requist le baillage
por lui, le seignor ne la court ne l'auroient pas à oyr, por ce qu'il ne
seroient pas certains par tel manière de dit, que enfant y eust. Car en-
cores amenast on l'enfant à court de par qui l'on requeyst le baillage por
lui, celui ou celle qui le baillage requereit devreit offrir a prover, si
come court esgardereit ou connoistreit que prover le deust, que celui
ou celle de qui l'on direit que l'escheete sereit venue à cel enfant,
l'eust tenu à son fiz, ou a sa fille, ou a son parent, et prover le c'il fust
qui le contredist ou mescrust [1].»

Si sçachez, que par la coustume localle, qui veut tenir au gouvernement du bail, il se faut comparoire par devant le juge de qui le fief est
tenu et faire plainte d'avoir le bail, garde et administration du pupille
de son fief...... et pour ce faut et appartient que le bail soit mis au
dit bail par loi, appelez à ce prochains d'un costé et d'autre, et qu'il y
soit mis par loi à l'usage et coustume du lieu [2].

C'était après ce jugement que le bail, comme tout vassal, faisait l'hommage.

« Le roi demande au coustumier ; Se ung chevalier se meurt et laisse
plusieurs enfants soubs aage, et la dame demoure en vie, qui aura le
gouvernement d'iceux enfants soubs agez? Le coustumier respond :
Leur mère en aura la garde devant tous autres...... mais il esconven-
dra qu'elle voisse par devers les seigneurs dedens quinze jours après la
mort du chevalier, et qu'elle leur offre la bouche et les mains, tant
pour son héritaige comme pour son douaire, et aussi comme ayant la
garde de ses enfants [3]. »

---

1. Geoffroy le Tort, ch. 18.
2. Somme Rurale, partie I, tit. 93. — Cf. Grand Coutumier, liv II, ch. 29.
3. Déclaration des fiez selon la coustume de France, dans la Thaumassière. *Anciennes et nouvelles coustumes du Berry*, p. 344.

L'usage avait même consacré, pour le cas de bail, une modification à la formule ordinaire.

« Qui prent homenage le doit prendre issint : cil qui requiert doit joindre les mains et dire : « Sire, ge deviens vostre home de bal, se c'est de bal ; ou de héritage, se c'est de héritage : que ge foi et leauté vos porterai comme à mon seignor; et devien vostre homme à teles redevances comme le fiez aporte. » Et li sires doit respondre : « Et ge vos recef à home ; que ge foi vos porterai, comme à mon home, et vos en bese en nom de foi. » Et doit dire de bal ou d'éritage [1]. »

Outre l'hommage, le baillistre devait, en certains cas, le rachat. Les textes célèbres du capitulaire de Quierzy, qui reconnaissent aux descendants mâles des possesseurs de bénéfices et d'offices de magistrature un droit identique à celui de leur auteur sur ces bénéfices et ces offices, ne parlent d'aucune charge extraordinaire ajoutée aux charges habituelles comme condition de la transmission héréditaire. Probablement l'exercice du privilége, accordé à la ligne directe, n'était pas à cette époque subordonné à l'exécution d'une condition de ce genre. Elle ne le fut pas d'avantage plus tard :

« En ligne directe nul ne doit rachat, par la coutume générale du royaume de France [2]. »

Mais quand les collatéraux, c'est-à-dire les représentants de la branche cadette, en vinrent à prétendre que la concession du fief s'étendait à eux comme aux descendants du fils aîné, aux héritiers directs, la résistance du seigneur fut plus heureuse, et il y eut une transaction. A défaut d'héritier direct, le seigneur fut forcé de prendre pour vassal le collatéral le plus proche; mais il lui imposa, en les adoucissant et en les réglementant, les conditions qu'eût été contraint d'accepter dans toute leur rigueur et leur arbitraire un vassal librement choisi.

Le domaine éminent, ramené à son état primitif de propriété pleine par l'extinction du domaine utile, était exempt de toutes charges entre les mains du seigneur. Libre de recevoir à l'hommage qui il aurait voulu, ce seigneur n'aurait, comme tout

1. Livre de justice et de plet, p. 254.
2. Grand Coustumier, l. II.

vendeur, cédé qu'au prix le plus élevé possible la servitude créée sur sa terre par la concession d'un nouveau domaine utile. Si donc, une fois obligé de vendre à une personne désignée, il avait pu cependant encore fixer lui-même le prix, la désignation de la personne eût été fort souvent illusoire. La personne étant déterminée par la coutume, le prix devait être déterminé par elle : et, en effet, il le fut. Il consista dans le revenu d'une année.

« Rachapt se fait tant seulement en fief ; et est à savoir que quiconque rachepte il doit le marc d'argent au seigneur de qui il rachepte, et il lui doit faire trois offres alternativement ensemble, desquelles le seigneur est tenu prendre l'une, en disant : « Je deviens vostre homme de tel fief, et pour le rachapt je vous offre les fruits de la première année, ou la valeur d'iceux fruits, ou le dict de preud'hommes.» *Nam pro aliquo istorum quietari debet* [1]. »

« Selon l'usage et coustume des prévoté et vicomté de Paris, en succession de fief n'a point de rachat quant il va en ligne directe, comme du père au fils, du fils au père ou à l'ayeul : mais quand il va en ligne collatérale, il y a rachat comme du frère à la sœur ou du père à l'oncle ou au cousin germain [2]. »

Les collatéraux durent le rachat en cas de bail comme en cas d'héritage ; ils le durent même, en certaines coutumes, dès le second degré :

« Un homme noble ou non noble tient un fief : advient qu'il se meurt et laisse un enfant, fille, soubs aage. Le trespassé a une sœur aagée qui est à marier, laquelle a le bail de cette enfant. *Quæritur* si icelle sœur racheptera le bail de sa niepce, fille de son frère ? Response : Ouy, car toutes personnes qui tiennent le bail rachepteront. Et si celle sœur se marie tenant lui ce bail, *quæritur* si son mari racheptera ce bail ? Response : Ouy, car il est estrange personne. Et si ce mary meurt luy estant en ce bail, et cependant l'enfant demeure toujours soubs aage, *quæritur* si la dicte femme, qui est tante de la dicte fille, racheptera ce bail, pour ce qu'il lui revient par la mort de son mary ? Response : Ouy [3]. »

Primitivement, lorsque le bail était tenu par un frère, les

1. Grand Coutumier, liv. II, c. 32.
2. *Ibidem.*
3. *Ibidem*, c. 29.

choses se passaient en général d'une manière différente ; cela tenait à la théorie des sucessions. En général, les frères puinés et
leur descendance n'avaient droit au fief, à l'égard du seigneur, qu'à
défaut de la branche aînée. Leur part dans la succession paternelle,
tenue de leur frère et de ses héritiers, soit en parage, soit dans
les conditions ordinaires de la vassalité, n'existait pas aux yeux
du seigneur. Le seigneur ne pouvait, à cause d'elle, réclamer
les droits utiles, par exemple les rachats, qu'il eût exigés d'un
fief tenu de lui. Le seigneur n'avait, comme auparavant, qu'un
vassal, et le fief qu'il avait mis tout entier dans une seule main
se retrouvait encore tout entier dans une seule main. Une cé-
lèbre ordonnance de Philippe-Auguste prohiba cet usage, et
décida que les enfants cohéritiers tiendraient chacun leur part
immédiatement du seigneur. Après une longue résistance, cette
ordonnance s'exécuta. Cependant il resta quelque chose de l'ancienne pratique, et, tant que les parts ne furent point faites, le
frère ou la sœur majeurs, baillistre de leur frère ou de leur
sœur mineurs, furent considérés comme seuls propriétaires du
fief à l'égard du seigneur, et, cette hypothèse excluant celle de
bail, ils ne payèrent point le rachat dû en cas de bail par les
collatéraux.

A la première de ces deux époques se réfère l'ordonnance de
1246 :

« Dominus autem non habet rachatum neque de patre ad filium neque de fratre ad fratrem; et omnes alii qui tenent ballum debent homagium domino et debent solvere rachatum..... »

A la seconde se rapporte cette décision du Grand Coutumier :

« Le chevalier et sa femme sont morts, et laissent plusieurs enfants,
dont il y a une fille aagée et les autres enfants sont en sous aage. Qui
aura le gouvernement de ces enfants? Response : La fille, qui est
aagée, entrera en la foy du seigneur de qui le fief est tenu pour la to-
tale foy, comme soy disant héritière de son père et de sa mère seulement pour le tout; ne le seigneur ne la peut contraindre à soy porter
comme ayant le bail de ses frères ou sœurs, mais il conviendra que
le seigneur la reçoive de la totalité des fiefs sans profit. Et à l'heure
que les enfants viendront en aage, la fille leur baillera leur part, et
entreront en la foi du seigneur sans rachat [1]. »

1. L. II, c. 29. La contradiction qui semble exister entre ce texte et celui du

En ligne directe, le rachat n'était pas plus dû pour un bail que pour une succession.

« Relicta alicujus nobilis vel alterius feodati habet in Andegavia ballum liberorum suorum et terræ, et non facit rachatum nisi se maritet [1]. »

Quant pères et mère ont enfants et li pères muert ou le mère tant solement, et il y a fief de par le mort, cil qui demeure, soit li père, soit le mère, à le garde des enfants et du fief qui par celi mort vient, sans payer racat [2]. »

« Quels gens sont-ce qui ont garde et qui ont bail? Response : père et mère, ayeul, ayeulle, ont garde des enfants soubs aage, frères, seurs, oncles et nepveux, cousins et parents de ce costé ont bail. Toutefois le père, la mère, l'ayeul, l'ayeulle ne rachepteront point. Mais les frères et parens de lignage collatéral, auxquels le bail appartient, rachepteront le bail d'une année [3]. »

Nous ne continuerons pas l'énumération des obligations féodales du baillistre ; elles étaient celles de tout vassal. En un mot :

« Il doit les fiefs desservir par devers les seigneurs à sez couz [2]. »

Ces obligations remplies, le baillistre était considéré comme un véritable propriétaire. Mais il n'avait pas sur le fief cet *abusus* romain, limité, sous l'influence germaine, par quelques restrictions favorables aux intérêts généraux de la famille ; ce droit presque absolu de disposer comme de jouir, qui, dès le moyen âge, fut, même en fait de propres, le droit commun de la propriété féodale et roturière. En effet, si un membre de la famille pouvait aliéner à titre gratuit un cinquième du bien de la famille [5]; si, une fois l'an du retrait écoulé, les lignagers qui n'avaient pas exercé le retrait, c'est-à-dire qui s'étaient refusés à payer les dettes jurées par leur prédécesseur, ne pouvaient faire

même chapitre que nous avons cité p. 34, est purement apparente. Ici il n'y a pas de bail à l'égard du seigneur.

1. Ordonnance de 1246.
2. Beaumanoir, XV, 10.
3. Grand Coutumier, liv. II, c. 28.
4. Ancienne coutume de Picardie, publiée par Marnier, p. 7.
5. Jean Desmares. Décision 149. — Coutumes notoires, art. 7.

révoquer les aliénations à titre onéreux, etc., etc.; enfin, si les lignagers n'avaient de l'hérédité que ce que leur lignager voulait bien leur laisser, c'était l'effet d'un privilége accordé, non pas au propriétaire, et par conséquent au baillistre actuel, mais à l'héritier le plus proche, au représentant de celui qui avait fait entrer le bien dans la famille. Pourquoi considérait-on le droit d'aliénation comme un droit inhérent à la propriété en matière de propres? C'est qu'ordinairement le propriétaire actuel, lorsqu'il l'était par droit héréditaire, était l'héritier le plus proche de son prédécesseur, et par conséquent de l'acquéreur primitif; mais le mineur occupait le premier rang dans la série des héritiers du propriétaire défunt, et le baillistre venait seulement au second.

Ainsi, le baillistre n'avait pas droit de disposition : aurait été nul tout acte du baillistre qui aurait eu pour effet d'empêcher postérieurement, à l'extinction de son bail, l'exercice du droit d'aliéner et de jouir devant alors appartenir, soit au mineur, soit à un nouveau baillistre.

« Baus poet accroistre pour le désaagié, mais amenusier ne poet-il tant que il jouit des hyrétages du désagié [1]. »

«Voirs est que por cause que il face, qui tient en bail, cli hoirs quant il vient en age ne doit pas perdre [2]. »

On peut rendre pour l'avenir impossible ou moins complète la jouissance et la disposition de deux manières : on peut laisser subsister la chose sans altération; mais alors, par une aliénation, on détruit d'une manière, soit complète, soit partielle, le lien juridique qui, unissant une chose à une personne, permet à la personne la jouissance ou la disposition de la chose. On peut aussi dégrader ou détruire matériellement la chose; car le droit de jouir et de disposer est proportionnel à son objet, diminue et s'éteint avec lui.

Dans la première hypothèse, le lien que la loi a créé, ne pouvant être détruit que de son consentement, subsiste : l'incapacité du bail rend l'acte nul.

Dans la seconde hypothèse, il y a un fait physique dont la loi ne peut empêcher l'existence; mais les conséquences de ce fait sont compensées par une indemnité.

1. Ancienne coutume de Picardie, publiée par Marnier, p. 8.
2. Beaumanoir, XV, 9.

« Nus ne pot obligier ce qu'il tient en bail eu damace de l'oir ne de celi a qui li bax pot venir. Mais tant comme il pot et doit durer, on en pot fere son pourfit sans autrui damacier [1]. »

Les hypothèques consenties par le baillistre ne peuvent être invoquées une fois le bail fini :

« Il avint que uns baus esquey à Pierre à fere son homage. Il obliga en liu de seurté vers son segneur le fief qu'il tenoit en bail por son racat. Après il morut avant que ses sires fust paiés; et li baus se vint à Jehan, qui estait li plus prochains après ledit Pierre. Adonques se traist Jehan au segneur et li offri le cors et les mains et li offri à fere seurté de son racat. Li sires dist qu'il le voloit bien; mais il voloit avec che que l'obligation, que Pierres li avoit fete, el tans qu'il tenoit le bail, fust raemplie avant que Jehans goesist du bail. A ce respondi Jehans que li dis Pierres ne pooit obligier le fief qu'il tenoit en bail fors tant que li baus duroit; par quoi il requerroit que li baus li fus baillés quites et délivres de le dite obligacion, comme il fust appareillés de fere bonne seureté de son racat : et sor ce se mirent en droit. Il fu jugiés que li obligacions que Pierres avoit fet, ne tenroit pas; et que li sires delivreroit le fief audit Jehan par reson du bail, de l'obligacion quite et delivre [2]. »

Le baillistre ne pouvait renoncer aux services qu'un fief mouvant du fief tenu par lui devait rendre au pupille devenu majeur, ou même auparavant à un autre baillistre.

Quelquefois, moyennant un ronsin, que le seigneur était en droit d'exiger à chaque changement de vassal, un fief était déchargé des services militaires :

« Quant j'ai servi mon seigneur de ronci, duquel il s'est tenus a paiés, ou lequel il a tenu quarante jors sans renvoier, je sui quites de mon service à tous les jors de me vie, ne ne sui tenus à aler puis lueques en avant avecques mon segneur en sa guerre, ne en se meson deffendre, se je ne voil [3]. »

Mais le vassal, qui devait tenir le fief toute sa vie pouvait

---

1. Beaumanoir, XV, 28.
2. *Ibidem.*
3. *Ibidem*, XXVIII, 6.

vivre un temps plus long que le bail. Si donc il avait fourni le ronsin, il aurait couru le risque de voir prononcer la nullité de la convention, et d'être forcé à rendre les services dont il avait été dispensé, ou à payer un nouveau ronsin. Aussi le baillistre ne pouvait-il exiger de lui le ronsin.

« S'il avient qu'aucuns tiengne en bail, et il y a homes de fief par le reson du bail, li home ne sont pas tenu à paier ronci de service à celi qui le bail tient; donques tex manières de services doivent estre gardés dusqu'à l'aage de l'oir; et le resons si est, que, qui sert, il en doit estre quites toutes se vie, et cil qui tient le bail, n'i a riens fors a certain tans [1]. »

Dans le cas seulement où il était certain que la dispense convenue produirait entier effet, le vassal ne pouvait refuser le ronsin.

« Pierres tenoit un bail, et par le réson de chu bail, il avoit homes. Li uns de ses homes, qui avoit nom Jehan, tenoit en bail, et devoit li baus de Jehan mains durer que li baus de Pierre, porce que li hoirs dont il tenoit le bail estoit plus pres de son aage. Et por ce que li baus ne pooit venir à l'oir dont Pierres tenoit li bail, il convint que il paiast service à Pierre tout fust ce que li dis Pierre tenist en bail. Et en tel cas poes voz veir que on pot estre sievis tout soit ce c'on tiegne par reson de bail et si n'est li hoirs de rien damaciés [2]. »

Les délits du baillistre n'avaient pas un effet plus étendu que ses conventions. Par exemple, les saisies qu'ils produisaient ne pouvaient se prolonger au delà du terme de sa jouissance.

« S'il avient qu'aucuns tiegne son fief sans fere hommage, et li sires ne gete pas le main au fief, porce qu'il n'en set mot, ou por ce qu'il resgarde qu'il n'est pas tenus à fere savoir à celi, qui li fie est venus ou esqueus, qu'il viegne à son homage; et cil tient le coze et lieve grant tans; et après ce qu'il l'a tenu grant tans sans segneur, li sires y veut géter le main, il le pot, s'il li plest, tenir autant de tans sans home, comme cil qui en dut estre hom, le tint sans segneur, excepté cex qui tiennent en bail. Car s'aucuns soufroit à celi qui tient en bail à

1. Beaumanoir, XV, 15.
2. *Ibidem*.

lever les despuelles du fief, dont il doit estre ses hons ; et il voloit tenir le fief autant sans home comme il l'aroit tenus sans segueur, et li hoirs de l'irétage venoit à aage dedens cel tans, li sires ne le porroit pas refuser par le meffet de celi qui le tint en baillie [1]. »

Le fief ne pouvait pas davantage tomber en commise par la forfaiture du baillistre :

« Donques poons nos veoir que cil qui tient en bail ne pot le fief meffere...... fors que le tans que ses baus dure [2]. »

Par contre, on décidait que la forfaiture du seigneur pendant le bail ne profiterait pas aux pupilles :

Cum domina Soliaci, nomine suo et nomine liberorum suorum, quos habet in ballo suo, contra comitem Sacri-Cesaris in curia nostra proposuisset, quod, quia dictus comes in causa appellationis ex parte dicte domine ad nos interposite super pravo et falso judicio a dicto comite contra dictam dominam facto succubuerat, de omnibus rebus, de quibus esse solebat, in homagio dicti comitis debebat esse libera et exempta, et in fide, homagio et obedientia nostris remanere debere ; dicto comite contrarium asserente........ voluimus quod dicta domina in obedientia nostra remaneat, et sit exempta et libera ab obedientia dicti comitis, durante ballo tantummodo : et statim ballo finito, de omnibus rebus, que a dicto comite teneri solebant et debebant in feodum per dominum Soliaci, dicti liberi ad fidem, homagium et obedientiam dicti comitis revertentur [3]. »

En vertu des mêmes principes, Beaumanoir refuse au baillistre le droit de faire aveu : car *le vassal maldésavouant perd son fief*.

« Cil qui tiennent autrui fief en bail ou en garde ou par raison de douaire, etc........ ne poent avouer ne désavouer, quant la propriété de l'éritage n'est pas leur ; et pour ce ne le poent ils mettre en péril de perdre [4]. »

Cette décision a été placée par Antoine Loisel au nombre de ses maximes :

1. Beaumanoir, XIV, 17.
2. *Ibidem*, XV, 9.
3. *Olim*, arrêt de 1292.
4. Beaumanoir, XLV, 39.

« Baillistres et tuteurs ne reçoivent aveux ni ne les baillent [1]. »

On pouvait détruire ou détériorer la chose, ou par un acte volontaire, ou par négligence : par un acte volontaire, en démolissant les murs, en coupant les arbres, et même en percevant des fruits dont la perception régulière aurait dû avoir lieu après la fin du bail seulement ; par négligence, si, par exemple, on ne faisait pas les réparations nécessaires, si on laissait les terres en friche ; le résultat était le même que si l'on eût dégradé volontairement.

Cet acte et cette négligence sont compris sous la même prohibition :

« Quicumque tenet ballum, debet......... tenere ballum in bono statu [2]. »

« Nobiles habent ballium suorum .... et sufficit quod... reddant...... hereditagia eorum in bono statu [3]. »

« Elle (la mère baillistre) doit tenir la chose en bon état [4]. »

« Et se aucuns tient en fie franc la garde de l'enfant........ li doit tenir la chose en bon poer et en bon point [5]. »

La règle est donc que la terre doit être tenue en bon état ; mais quelle est la portée de cette expression ? Le grand Coustumier nous l'apprend :

« L'ayeul aura la garde..... mais il est tenu de soustenir les maisons et les vignes et de les rendre en aussi bon estat comme elles estoyent au commencement de la garde [6]. »

Un grand nombre de textes peuvent servir de commentaires à cette définition :

« Il est voirs quant li oir vient en aage et il a esté tenus en bail, il prent son héritage ainsi comme il le trueve, c'est à dire : S'il vient à son héritage el tans que les despuelles sont ostées, il n'en pot riens demander, mais que eles n'aient esté ostées trop tost par voie de barat [7]. »

1. Institutes coutumières, liv. I, tit. IV, reg. 20.
2. Ordonnance de 1246.
3. *Aliqua de stilo curie.*
4. Établissements de S. Louis, I, 17.
5. Livre de jostice et de plet, p. 58.
6. Livre II, c. 29.
7. Beaumanoir, XV, 27.

« Cil qui tient en bail ne doit pas essilier les héritages, c'est à dire que s'il y a vignes il ne les doit pas coper ne essarter ne laisser gaster sans féture........ Et se il a bois es bail, il ne doit estre copés devant qu'il ait sept ans acomplis. Et s'il y a bois de soixante ans ou de plus, il doit estre gardés à l'oir sans empirier. Et s'il y a arbres fruits portans, ils ne doivent estre copé ne essillé [1]. »

« Saichent tuit cil qui sunt et qui avenir sunt, que come descors et débat fussent entre damoisele Jeanne, reine de Navarre, hoir des coutes de Champaigne et de Brie, d'une part, et nostre amé cousin Eymond fils le roi Henri d'Angleterre et Blanche, etc..... sur ce que la dite Jeanne disoit que li dit Eymond et B. sa compaigne avoient fet couper forès anciennes autrement qu'ils ne devoient, maisons, chasteaux, pons, chaussés et estangs laissé déchoir, etc..... [2]. » « Qui tient en bail, s'il a édefices a bail, il les doit maintenir el point où il les prent, si que li oirs ne truist pas ses edifices empiriés, quant il vient à son aage [3]. »

« Par les coustumes des lieus dessus dis (tant de Vermandois comme de baillie d'Amiens) baulz doit retenir les maisons de pel et de verge et de couvreture [4]. »

Suivant Beaumanoir le baillistre qui agissait contrairement aux intérêts du mineur, devait être forcé par le seigneur à donner caution de réparer le dommage. Le seigneur pouvait même saisir préventivement le fief :

« Cil qui tient en bail ne doit pas essiller les héritages, etc...... Et qui fait contre ces cozes, li sires y doit metre la main et destraindre celi qui le bail tient à ce qu'il ne le face pas. Et s'il y a fet, que li sires n'en sace mot, quant li fes vient à le mémore du segneur, il le doit justicier à ce qu'il baille bonne seurté de rendre le damace à l'oir ; car de droit commun, li segneur sont tenu à garder le droit de toz cix qui sont sous aagé [5]. »

Mais, dans les Établissements de saint Louis, nous trouvons une coutume plus sévère :

« Et se éle (la mère baillistre) ou ses sires lessoient le manoir

1. Beaumanoir, XV, 12.
2. Transaction entre Philippe le Hardi et Edmond d'Angleterre sur le bail de Champagne (dans Brussel, I, 218.)
3. Beaumanoir, XV, 11.
4. Ancienne Coutume de Picardie (Marnier, p. 8.)
5. Beaumanoir, XV, 12.

descheoir ou foudre, ou il vendissent bois qui n'eust esté autrefois vendu, cil à qui le retort de la terre devroit avenir porroit bien demander le bail à avoir par droit [1]. »

Cette coutume prévalut, comme on le voit par cette maxime de Loisel :

« Bail ou garde se perd par mésusage [2]. »

Les articles 126 de la coutume de Dourdan, 292 de celle de Melun, 75 de celle de la Marche et 136 de celle de Châteauneuf, et le sentiment exprimé par Dumoulin, dans son commentaire sur la coutume de Paris, y sont conformes [3]. « La raison en est, nous dit Laurière, que l'usufruitier qui ne jouit point en bon père de famille, en doit être privé. » La terminologie romaine employée par Laurière est, je crois, parfaitement appropriée à la chose ; et, dans cette rigueur inconnue à Beaumanoir, il faut voir un emprunt fait au droit romain.

L'obligation de rendre l'héritage au pupille à sa majorité en suppose une autre. On ne peut rendre qu'à celui qui est vivant. Il fallait donc que le baillistre fournît aux besoins du pupille, le *mainburnit*, comme on disait. Naturellement, cette dépense devait être proportionnelle à la condition de la personne qui en était l'objet.

« Le dict gardien ou baillisseur est tenu de soustenir le mineur d'aage en bon et suffisant état selon la personne [4]. »

« Il convient.... qu'il gart et maintiegne les enfants sous aagiés à sen demaine et à sen coust selonc lor estat [5]. »

En Beauvaisis, quand on n'accomplissait pas cette obligation, on perdait le bail :

« Li second cas par quoi on pot oster enfans de bail ou de garde à celi qui les tient, si est, quant il ne livre pas soufisant soustenance a enfans selonc lor estat et selonc ce qu'il en tient [6].

1. Établissements, I, 17.
2. Liv. I, tit. IV, reg. 20.
3. Cependant l'article 131 de la Coutume d'Amiens accorde au pupille une pure et simple indemnité.
4. Grand Coustumier, l. II, c. 29.
5. Beaumanoir, XV, 23.
6. *Ibidem*, XXI, 13.

C'est qu'en Beauvaisis le baillistre avait entre les mains la garde de la personne du mineur. Dans les coutumes qui mettaient cette garde entre les mains d'une autre personne, le gardien percevait, pour l'entretien du pupille, une portion des fruits du fief. Telle est la décision des Établissements de saint Louis :

« Se il avenoit que uns gentilhons morust lui et sa fame et ils eussent hoir, cil qui devroit avoir le retor de la terre de par le père ou de par la mère, si auroit la terre en garde ; mès il n'auroit pas la garde des enfants, ains l'auroit un de ses amis de par le père, qui seroit de son lignage, et devroit avoir de la terre par réson à norrir les enfants et à pourvoir [1]. »

On doit entendre dans le même sens les assises de Jérusalem et l'ordonnance de 1246 sur le bail et le rachat dans le Maine et l'Anjou.

« L'enfant deit avoir son vivre convenablement de son fié..... et deit aveir son vivre honorablement des rentes de sa seignorie [2]. »
« Habent pueri benefactum de terra patris et matris secundum valorem terræ et secundum statum [3]. »

Mais quelle somme ou quelle part du fief devait être ainsi consacrée à l'entretien du mineur ? D'abord pas de règle précise ; à chaque contestation il fallait que le juge, par une décision restreinte au sujet du litige, substituât à la vague prescription de la coutume la rigoureuse clarté qu'exige la pratique.

« De liberis predictis apud quem dicto ballo durante debeant et de alimentis sufficientibus ministrandis eisdem per dictum comitem..... nos ordinabimus prout ipsorum utilitati et honori videbimus expedire [4]. »

La coutume officielle d'Anjou fixe une quotité, le tiers des biens (art. 89).
Sauf ces restrictions, qui se résument, comme nous l'avons dit, dans l'incapacité de faire tout acte de nature à empêcher

1. Établissements, I, 117.
2. Jean d'Ibelin, c. 170.
3. Ordonnance de 1246. Voyez aussi Philippe de Navarre, c. 20.
4. Arrêt de 1309.

plus tard le pupille de jouir comme son auteur, le baillistre était, pendant la durée du bail, un véritable propriétaire.

Ainsi il prenait, du moins pendant les premiers temps de la féodalité, le titre attaché à la terre. Il y en a, dans l'histoire de France, un remarquable exemple : Edmond d'Angleterre s'intitule comte de Champagne, parce que son mariage avec la mère de Jeanne, héritière de cette province, et qui plus tard épousa Philippe le Bel, lui en avait fait acquérir le bail.

Le baillistre recevait l'hommage des vassaux :

« Galterus, Dei gratia Senonensis archiepiscopus , etc...... et comes Flandriæ, etc., etc ., comes Campaniæ, comes Nivernensis, comes Blesensis, etc...... Notum facimus, quod nos coram carissimo domino nostro Ludovico rege Francorum illustri unanimiter judicavimus , quod Petrus, quondam comes Britanniæ, propter ea quæ eidem domino regi foris fecerat, quæ pro majori parte coram omnibus nobis ibi dicta fuerunt, ballum Britanniæ per justitiam amisit : et quod barones Britanniæ, et alii qui eidem fecerant homagium vel fidelitatem ratione illius balli sunt penitus quiti et absoluti ab illa fidelitate et illo homagio, nec tenentur ei obedire, vel aliquid pro eo facere quod pertineat ad rationem illius balli. In cujus rei testimonium, etc........ Actum in castris juxta Ancenisium anno M°CC°XX° mense junio [1]. »

Les vassaux du fief étaient les vassaux du baillistre :

« Ego Adam de Villers notum facio, etc.... Quod charissimus dominus Theobaldus Campaniæ et Briæ illustris comes palatinus dedit mihi triginta libratas terræ, et propter hoc deveni homo ligius dicti comitis...... excepta ligeitate domini Mathæi de Montmorenciaco et excepta ligeitate vicecomitissæ Castroduni, cujus homo sum pro baila et tutela puerorum bonæ memoriæ Guidonis comitis Sancti Pauli. Actum anno gratiæ M°CC°XXVII° in vigilia sancti Nicolai [2]. »

Le baillistre pouvait donc exiger d'eux l'accomplissement de toutes les obligations féodales.

Seigneur, il exerçait, en particulier, tous les droits utiles attachés au fief. A cet égard, la transaction déjà citée, qui, en

---

1. Martène, *Amplissima Collectio*, I, 1239.
2. Laurière, *Glossaire du droit français*, I, 112.

1284, termina le bail d'Edmond d'Angleterre, contient une énumération qui mérite d'être reproduite :

« Derechief les amendes des enquestes et des méfais qui sont fais en leur tems qui ne sont encore jugiées ne taxées de terme passé dont li jugement et taxement à fere, selon que l'en a usé jusques cy, leur demeurent et demorront (à Edmond et à Blanche sa femme) avec lesdictes amendes. «

Et plus haut :

« Derechief tuit quint denier, les mainsmortes, li formariages , les escheoites des larrons, des bannis, soit muebles soit héritaige, qui sont advenus jusques au jour de cet accord demeurent et demeureront asdits Eymond et Blanche. »

Mais la charte ajoute :

« En tel manière que ces héritaiges soient vendus ou mis hors de leur main. »

Quand le seigneur du fief avait la haute justice, la confiscation immobilière n'était que l'extinction d'une servitude. Naturellement le droit démembré, le domaine utile, se confondait avec le domaine éminent qui devenait pleine propriété, et le baillistre , saisi du domaine éminent pour un temps limité, se trouvait saisi au même titre de l'accessoire. Cependant le mode particulier d'acquisition donnait au baillistre le droit de disposer du domaine utile confisqué. Il ne l'avait pas reçu de son prédécesseur, il n'était pas obligé de le transmettre à son successeur, il pouvait donc le détacher de nouveau de la propriété à laquelle il était venu se réunir. Mais pour opérer cette séparation, une tradition était indispensable, et la tradition suppose passage de la main de celui qui possède à la main de celui qui ne possède pas. Ainsi, quand le baillistre voulait tirer un profit du domaine utile confisqué, il fallait qu'il le vendît. Bouteiller ne lui accorde qu'un an de délai pour le faire.

S'il advenoit que, durant le temps du bail, le fief dont le bail se faict fut tel, qu'il y eust seigneurie appartenante, par laquelle aucune confiscation vint au droit du dict fief, si comme si au fief appartenoit haute justice ou vicomté; sçachez que le bail peut et doit appréhender à son profit toute celle confiscation que sur le dict fief en sera trouvée, soit en meuble ou héritage. Et si c'étoit en héritage et le bail se vendoit dedans l'an que confisqué seroit; ce demeureroit à son profit et sans compte rendre. Et si dedans l'an ne l'avoit vendu, ce demeureroit au au proffit du dict fief et retourneroit à l'hoir avec son fief luy venu en aage et discrétion [1]. »

« S'il advenoit qu'aucun tint en bail ou usufructuairement terre ou seigneurie qui de son droit eut confiscation, et durant son temps aucune confiscation escheoit, jaçoit ce que ce fust d'héritage, sçachez que apprehender le pourroit le bail ou usufructuaire à son profît et le vendre, mais que dedans l'an que ce confisqué seroit le vendist. Et si par an et par jour le tenoit sans le vendre, ce seroit reconsolidé à la table et demaine du gros de la seigneurie dont le bail ou usufructuaire seroit tenu. Et si vendu estoit dedans l'an, si comme dit est, si seroit-ce toutjours tenu du gros du fief et seigneurie dont le dit bail ou le dit usufructuaire seroit tenu et non mie du bail ou de l'usufructuaire qui le vendroit [2]. »

Ce délai, qui établit une prescription contre le droit du baillistre, est peut-être un vestige de l'ancienne prescription germanique d'an et jour.

Le bail, maître de vendre le bien confisqué, pouvait, par conséquent, le rendre au forfaiteur : et quand il exerçait le droit de grâce, cette restitution s'ensuivait.

« Petebat domina Mathildis, uxor Gilonis dicti Fuiret militis, hereditatem suam propriam, quam gentes regis Navarræ saisierant ratione forisfacti dicti militis, sibi deliberari et reddi, cum propter delictum mariti sui hereditatem propriam amittere non deberet, vel saltem gratiam sibi fieri et servari quam fecit eidem dominus Edmundus tempore balli, cum hoc etiam alias præceptum fuisset ballivo. Dicto autem ballivo in contrarium dicente, quod secundum consuetudinem Campaniæ dicta domina, vivente marito, non debebat prædicta hereditate gaudere; auditis omnibus hinc inde, ordinatum est quod gratiam, quam eidem domine fecit dominus Edmundus tempore balli, ballivus sibi faciet observari [3].

1. Somme rurale, partie I, titre 93.
2. *Ibidem,* partie II, titre XV.
3. Brussel, t. I. Le mari avait jusqu'à sa mort la jouissance des propres de sa femme et *confisquait* par conséquent cette jouissance.

Les fruits naturels et civils de la terre appartenaient au baillistre tant que durait son droit. Évidemment leur perception régulière n'était pas un obstacle à ce que plus tard le pupille pût jouir comme l'avait fait son auteur :

« Et les issues des choses à celi qui est en bail sont à celui qui a le bail[1]. »

« Qui ballium habet, faciet fructus suos in patria consuetudinaria; sed in patria juris scripti, non; nisi sit pater vel avunculus, qui eos habeant in potestate[2]. »

« Se il i avoit bois ou estanc que li sires eust autrefois vendu, elle (la mère baillistre) le porrait bien vendre[3]. »

« Derechief toutes les rentes, li profit, les issues des dictes contés de Champaigne et de Brie et des appartenances qui sont eschcoites et advenues de quelque chose que ce soit au jour de cet accord demuerent et demorront as dit Eymond et Blanche ou à ceux qui auront cause d'eux...... Derechief demuere et demorra as dis Eymond et Blanche tout ce qui est a recevoir et recovrer de la taille de Provins[4]. »

Le baillistre pouvait même, afin de faciliter sa jouissance, louer les terres pour un temps plus long que la durée du bail.

« Mais se ce sont terres gaaignables qui aient el tans ou bail été donées à loiel minage sans fraude et sans barat, li oirs s'en doit passer par le minage, car en cest cas li gaaignères ne perdrait pas[5]. »

Une fois son droit expiré, il ne pouvait toucher aux fruits qu'il n'avait pas détachés de l'immeuble. Comme ces fruits continuaient à faire partie de l'immeuble, ils le suivaient entre les mains du nouveau baillistre ou de l'héritier devenu majeur.

« Il est voirs quant li oir vient en aage et il a esté tenus en bail, it prent son héritage ainsi comme il le trueve, c'est-à-dire s'il vient à son héritage el tans que les despuelles sont ostées, il n'en pot rien demander mais que eles n'aient esté ostées trop tost par voie de barat. Et s'il y a despuelles de bles ou de mars ou de bos ou d'autres cozes, li oirs les en doit

---

1. Livre de jostice et de plet, p. 221.
2. Grand Coustumier, l. II, c. 28.
3. Établissements, l. I, c. 17.
4. Transaction entre Edmond d'Angleterre et Philippe le Bel, en 1284.
5. Beaumanoir, XV, 27.

porter quites et délivres, ne n'en pot cil qui a tenu le bail riens demander ; car il pert à estre sires de le cose, si tost que li enfes vient à son aage [1]. »

L'ascendant ou le collatéral baillistre avaient les meubles, comme le seigneur gardien, et par les mêmes raisons.

« Emporte cil qui le bail tient, toz les esplois des tiés et toz les muebles de celi dont li baus vint, par de sor son testament, ou le tout s'il n'i a point de testament [2].

Bien puet t'ante fère pès par nostre usage, se tu estoie en son bail, du testament ton père, qui n'iert pas fet a droit, si come éle disoit, tant come monte as muebles et a chatex ; més d'eritage ne se puet meller com la loi dit einsi [3].

Emporte le bail toutes les levées des terres et tous autres meubles et cateux [4].

Celui qui a la garde des nobles fait les meubles et les fruits siens [5]. »

En ligne directe et en ligne collatérale, la règle est la même.

« Si un enfant noble demeure moindre d'aage après le trespassement de son père ou de sa mère, le survivant peut prendre la garde d'iceux enfants s'il lui plait, et a cause d'icelle garde le survivant prend tous les biens meubles du dict enfant mineur durant sa minorité, et sont et appartiennent au dict survivant son père ou sa mère. Et aussi seroyent ils à un autre qui lui appartiendroit en ligne collatérale pendant le bail du dict enfant, s'il n'y avoit autres parens en droite ligne [6].

Les créances appartenaient donc au baillistre.

« Et lesdicts enfants, venus en aage parfait, ne peuvent demander les meubles ne les debtes qui estoyent dus à leur père ou mère, et n'en auront aucune action à l'encontre leur créancier, vivant leur gardien. Et aussi ne seroient tenus les dicts créanciers de leur en respondre en aucune manière sans aultre titre ou aultre qualité [7].

Derechef toutes les detes que l'en leur doit soit de leur tens ou du tens du roi Thibaut ou dou roi Henri en contéz de Champagne et de Brie

1. Beaumanoir, XV, 27.
2. Ibidem, XV, 10.
3. Pierre de Fontaines, XV, 40.
4. Somme rurale, 1re partie, titre 93.
5. Grand Coustumier, livre II, ch. 41.
6. Ibidem, livre I, ch. 29.
7. Ibidem, livre II, ch. 29.

ou en Navarre et ailleurs demuerent et demorront as dis Eymond et
Blanche [1]. »

Mais il ne pouvait réclamer cette catégorie de meubles que leur
union intellectuelle avec un immeuble fait appeler immeubles
par destination.

« Derechef leur demuerent et demorront tuit li mueble soient dou roi
Th. ou dou roi Henri, sans les engins, arbalètes, carreaux, et les ar-
meures des garnisons des chasteaux qui demuerent au dit hoir [2]. »

Le passif mobilier était à la charge du baillistre, par la même
raison que l'actif tournait à son profit [3].

« Parmi tant que le bail a ces meubles et cateux, si comme dict est,
il est tenu de payer toutes les debtes que devoit le trespassé au jour de
son trespas, et en doit livrer le pupille tout quitte au jour de son aage.
Et bien se advise le dit bail à entreprendre le dit bail, car il lui conviendra ainsi rendre...... Et supposé que les dettes n'ait pas acquittées
et payées au jour que le dict pupille viendrait à aage, si n'en seroit-ce
nulle charge au dict pupille ne a sa terre, mais en demeureroit la
charge au bail, à ses hoirs [4]. »

C'était une règle générale : « Qui bail ou garde prend, quitte le
rend [5]. »

« Quicumque tenet ballum, debet...... solvere debita [6].
« Bail rend quite et délivre l'éritage a l'enfant [7].
« Tot doie le menor, cil qui prend le baill, paie les detes, et, quant le
menor viant en aage, il s'en vet o ses choses quites [8]. »

1. Transaction entre Philippe le Hardi et Edmond d'Angleterre, 1284.
2. *Ibidem*.
3. Celui qui prend les meubles paie les dettes. Les coutumes de Lorris (XV, 11), de
Touraine (310), d'Anjou (237), du Maine (252), de Bourbonnais (316), de Nivernais
(XXX, 4), de Mantes (71), de Melun (267), de Sens (94), de Valois (79), d'Amiens
(59, 90, 91), appliquaient même cette règle aux successions.
4. Somme rurale, 1re partie, titre 93.
5. Institutes Coutumières, liv. I, tit. IV, règle 11.
6. Ordonnance de 1246.
7. Beaumanoir, XV, 10.
8. Livre de justice et de plet, p. 221.

« Nobiles habent ballium suorum, debita solvunt........ suffici
quod legitima etate reddant eos quitos [1]. »

• Il convient que tel noble qui prend la garde la rende toute franche
et quitte de toutes debtes [2]. »

Par l'appréhension du bail, on devenait immédiatement propriétaire des meubles, et par conséquent débiteur des dettes. A
cet état de choses, aucun fait postérieur, aucune circonstance ne
pouvait rien changer.

Si donc la masse des meubles était supérieure à celle des dettes, le baillistre profitait de l'excédant.

« Si beaucoup plus de biens y avoit appartenans au bail que de
dettes, si demeureroit tout au bail sans rendre compte [3]. »

De même, si les meubles réunis aux fruits formaient une valeur
inférieure aux dettes, le baillistre les devait payer intégrale-
ment.

« Il fust jugié que puisque Pierre estoit entré au bail, combien que il
vaulsist poi, il devoit les enfants mainburnir et rendre quites, quand il
seroient aagiez [4]. »

Aujourd'hui encore, dans la théorie légale, examine-t-on si le
passif apporté par l'un des époux dans la communauté dépasse
ce qu'il y a mis d'actif?

Quelque court que fût même le temps pendant lequel on tenait
le bail, quand même on cessait de le tenir avant la majorité du
pupille, on était soi et ses héritiers obligé au payement des dettes.

Mortuo Matheo de Villa Beonis, milite, Mahietus, filius et haeres
ipsius, venit in ballum domini Petri Cambellani. Postmodum, dicto
Petro viam universae carnis ingresso, idem Mahietus venit in ballum
domini Adae de Villa Beonis. Dicto Adam satis cito postea defuncto,
idem Mahietus venit in ballum domini Galteri Cambellani, nepotis
quondam dicti domini Petri. Orta igitur questione inter dictum Galte-
rum et relictam dicti Adae, super eo quod idem Galterus dicebat, quod
racione dicti balli non tenebatur solvere quingentas libras Turonenses,

1. *Aliqua de stilo Curie.*
2. Grand Coustumier, liv. II, ch. 41.
3. Somme rurale, partie I[re], titre 93.
4. Beaumanoir. XV, 16.

in quibus dictus Matheus domino regi tenebatur tempore quo decessit; per consuetudinem patrie que talis est, « quod ballum acquitat debita, » et dictus Adam tenuerat ballum ipsius Mahieti; et ipsum debuit de omnibus debitis acquitare. Dicta relicta e contrario dicebat, quod statim quando dictus Mahietus fuit in ballo dicti Petri Cambellani, idem Petrus fuit oneratus debitis ipsius Mahieti, et omnes heredes ipsius Petri tenentur de debitis predictis. Dictus Galterus replicabat quod ipse non erat heres proximus dicti Petri Cambellani..... Pronuncia- tum fuit quod omnes heredes domini Petri Cambellani tenentur quilibet pro rata sua de predicto debito proporcionaliter secundum quantitatem quam quilibet tenet de hereditate dicti Petri , sive dicta hereditas sit in Francia, sive sit in Normannia [1]. »

Quand le bail était partagé entre deux personnes, le plus pro- che héritier du côté de la mère et le plus proche héritier du côté du père, la part de passif mobilier supportée par chacun était proportionnelle à sa part d'imeubles.

« Et seront cil dui qui emporteront le bail (li plus prochains de par le père et li plus prochains de par la mère) tenu à rendre le bail quite et délivre à l'aage de l'enfant, si comme il est dit dessus, non pas ygal- ment, mais çascuns selon ce qu'il tenra de l'iretage par le réson du bail [2]. »

En effet, dans la présomption légale, le mobilier se compose des fruits transformés des immeubles. En l'absence de toute compta- bilité, n'était-il pas naturel d'ajouter une seconde présomption à celle-là : à savoir, que de ces fruits chaque immeuble avait pro- duit une quantité proportionnelle à sa valeur?

L'obligation imposée au baillistre de rendre au pupille, le bail fini, son héritage franc et quitte de toutes dettes, faisait-elle subir au droit des créanciers quelque modification?

De cette charge imposée au baillistre, s'ensuivait-il que le pu- pille pût refuser de répondre aux créanciers? ou bien le pupille avait-il seulement, en cas de poursuite faite par les créanciers, un droit de recours contre son baillistre? Évidemment, tant que le pupille était mineur, les créanciers de son père ne pouvaient s'adresser à lui, car il n'avait pas herité de son père ; le baillistre était l'héritier, et, de droit commun, c'est l'héritage que les dettes

---

1. Arrêt de 1277.
2. Beaumanoir XV, 5.

suivent, peu importe que le propriétaire de l'héritage soit ou ne soit pas au plus proche degré. Mais quand le pupille devenait majeur, qu'il recouvrait l'héritage paternel, devait-il répondre aux créanciers paternels ? Il faut distinguer : au moment où le pupille atteignait sa majorité, le baillistre était, il est vrai, débiteur, seul débiteur : pour être obligé de payer ses dettes , il aurait fallu que le pupille fût son successeur universel, et le pupille ne lui succédait qu'à titre particulier. Mais, d'un autre côté , les créanciers du père du pupille n'avaient pas, durant la jouissance du baillistre, perdu leur droit de gage sur les biens de leur débiteur primitif. Le pupille, en recevant de ses mains et en acceptant la succession paternelle, était devenu pour ces dettes une espèce de caution du baillistre. Toutefois, les cas où il pouvait être poursuivi n'étaient pas les mêmes que s'il se fût agi de la caution romaine. Les créanciers paternels étaient en droit de lui demander tout ce qu'ils n'avaient pu se faire payer pendant le bail, soit que, depuis l'échéance de la dette, le baillistre eût été dans un état continu d'absence ou d'insolvabilité , soit que le créancier se fût trouvé lui-même hors du pays à partir de cette époque, soit enfin que l'échéance de la dette fût arrivée postérieurement au terme du bail. Par conséquent, si le baillistre était présent et solvable et le créancier présent aussi, quand, le bail durant, la dette était échue , le pupille devenu majeur n'était pas tenu de la payer.

Ainsi, pour le cas de solvabilité du baillistre, nous lisons dans Beaumanoir :

« Quant aucuns tient en bail , et il y a détes, li déteurs doivent sivir celi qui le bail tient, et se cil qui le bail tient est bien soufisant et bons à estre justiciez ; et li créanciers par sa négligence ou par sa volonté laisse à porsivir et à requerre sa déte à celuy qui tient le bail jusques à tant que li hoir ait aage, puis le demande à l'hoir ; li hoir a bonne défense, par quoy il n'est pas tenu à la debte payer ; car il peut dire aux créanciers : Vos saviez que je étois tenu en bail et estoit li baus soufisant pour mi acquiter, et avez laissé le bail passer sans demander votre debte par justice , par quoi je ne vueil estre tenus à respondre. Et en tel cas il ne répondra pas ; ains convenra que li créanciers quière sa debte à celi qui tint le bail [1]. »

---

1. Coutume de Beauvaisis, XV, 16.

Si, au contraire, le baillistre était insolvable, le mineur était tenu de payer :

« S'aucuns est tenus en bail, et cil qui bail tient quiet en povreté, ains que les detes soient payées, li oirs n'en est pas délivres, qu'il ne l'en conviegne respondre as déteurs. . . . . Li tiers cas si est se li baus meffet, si que cil qui tient en bail pert et ce qu'il tient en bail et quanques il a d'autres cozes, si que li créanciers ne le poent sivir, en tel cas li oirs est tenu à respondre à eux, car il n'est pas résons que li créancier perdent lor déte par le meffet de celi qui tint en bail [1]. »

Mais alors le pupille avait son recours contre le baillistre.

« Il pot bien sivir celi qui le tint en bail qu'il l'aquite ; et s'il a tant vaillant, il doit estre contraint à aquiter l'oir [2]. »

L'absence du baillistre soumet le mineur à la même obligation ; mais alors l'efficacité de son recours est assurée par des garanties particulières.

« Se baus esquiet à home qui maint hors du païs ou hors de le castellerie, la u li bax siet, et il n'a point d'éritage en le dite castellerie qui soit soufisans as détes paier, qu'il doit par le réson du bail, et il en veut porter les levées du bail, eles doivent estre arestées à le requeste des créanciers ou des amis à l'oir dusqu'à tant qu'il ait fet bonne seurté du bail aquiter, car autrement porroit li hoirs estre moult déçeus [3]. »

Si, au lieu du baillistre, c'est le créancier qui est absent, qu'arrivera-t-il ?

« Li second cas si est quant li créanciers est hors du païs tout le tans que li baus dure, et quant il revient li oirs tient le coze ; en cel cas li créancier pot sivir lequel il veut, ou l'oir, ou celi qui tint le bail ; et s'il poursuit l'oir, li oirs pot porsivir celi qui le tint en bail qu'il soit aquités [4]. »

1. Beaumanoir, XV, 17
2. Ibidem.
3. Ibidem, XV, 24.
4. Ibidem. XV, 17.

Même décision pour le cas où la dette échoit après le bail :

« S'il avient que dète soit deue a si long tans, que li bas esquiée ou faille avant que li terme quiée, li creancier pot demander sa dete a l'oir, car il n'en pooit riens demander a celi qui tenoit le bail, porce que li terme n'en estoit pas venus. Et por ce convient il que li oir face le gré au creancier. Ne pourquant li oirs porra sivir celi qui li tint en bail qu'il l'aquite, car por ce se li termes ne quay pas le bail durant, ne demorre pas que le dette ne fust due et que li bax ne doie l'oir aquiter [1]. »

Mais quand le terme arrivait pendant le bail, le baillistre ne pouvait pas, en reculant par une convention nouvelle l'époque de l'échéance, donner aux créanciers le droit de poursuivre le pupille.

« Voirs est quant aucuns tient en bail et li creancier a qui les détes sont deues par le reson du bail donnent respit ou font nouviax marciés ou novéles convenances de lor détes, et en ce pendant li oir vient en aage ; se li créancier voelent l'oir porsivir, il n'en est pas tenu a respondre en chest cas : ains convient qu'il porsivent celi qui tint le bail, qu'il apert qu'il sen tinrent a li si tost com il li donèrent respit, ou sitost comme il remuèrent le déte de l'estat où il estait devant [2]. »

Une autre charge des meubles, c'étaient les legs. Originairement, on ne pouvait léguer ses propres ; et alors d'ordinaire, les propres soustraits du total de la fortune, il ne restait que les meubles. Les legs étaient donc mobiliers, et, comme toutes les autres dettes mobilières, ils devaient être payés par l'héritier des meubles.

« Emporte cil qui le bail tient toz les esplois des fiez et tos les muebles de celi dont li baus vint, par de sor son testament, ou le tout s'il n'i a point de testament [3].

« Item il doit délivrer le desaagié de debtes et d'avis de pere et mère de quoy li terme eskient u tamps de son bail. Et de che s'est cas offert en l'an mil ccc et x en parlement de Paris, par arrest : ch'est assavoir de me demisiéle de le Ferté et de me dame de Vendoel : sur che que me demisiéle de le Ferté se opposait que me dame de Vendoel le debvoit délivrer de xxviii. c. libres du lais de mesire Mahieu de Roye fait à se fille pour

1. Beaumanoir, XV, 26.
2. Ibid. XV, 25.
3. Ibid. XV, 10.

che que le dite dame avoit esté baus de Mahieu de Roye, et li xxviii. c.
libres estoient eskeu u tamps de son bail. Le dame li nia le coustume. Le
demisiéle l'offri a prouver : et en furent bien oy lx homme, que clerc que
lai, tant de Vermandois comme de le baillie d'Amiens ; et sur che l'enqueste fu raportée à le court et parmi che fu rendu par arrest en le court
de Franche, que, tant par droit que par les coustumes prouvées, ledicte
dame debvoit délivrer le dicte demisiele des xxviii. c. libres, pour ce
qu'il estoient eskeu u tans de son bail [1]. »

Plus tard, on put léguer des immeubles : les acquêts immobi-
liers étaient devenus plus fréquents ; l'aliénation à titre gratuit
d'un cinquième ou même d'un tiers des propres était autorisée.
Alors les legs cessèrent d'être une charge mobilière. Dans la
Somme rurale, le baillistre est seulement obligé de les avancer et
peut exercer un recours contre le pupille. Ce recours était impossible quand les dettes payées n'étaient pas des legs. Bouteiller
fait la distinction :

« Item dois sçavoir que le bail doit prester les aumones que le mort a
faictes en lit mortel ; et le pupille, luy venu en aage, lui doit rendre : et
la sépulture du mort doit le bail bailler et payer sur son bail, et aussi
doit le dit bail payer tous les cousts et frais de l'obséque pour cause de
son bail, sans les frais au pupille [2]. »

Nous avons déjà vu que plusieurs coutumes supprimèrent le
bail des collatéraux. Dans plusieurs coutumes aussi, une révolution déjà commencée au temps de Bouteiller modifia considéra-
blement les droits du baillistre. Aux yeux de jurisconsultes
nourris dans l'étude du Code et des Novelles, le baillistre était
un simple usufruitier, et par conséquent le droit aux meubles
une monstrueuse usurpation. A la vérité, l'obligation de payer
les dettes pouvait être une compensation ; mais cette charge n'é-
tait-elle pas souvent de beaucoup inférieure à l'émolument ? ne
pouvait-elle pas le dépasser? On supprima en général le droit
aux meubles [3]. Le baillistre dut les rendre, et on dut lui rembourser

1. Ancien Coutumier de Picardie, publié par Marnier, p. 7.
2. Somme rurale, partie I, tit. 93.
3. Il fut conservé par les coutumes de Senlis (152), Chauny (141), Reims (331),
Bourgogne (VI, 4, 1), Montargis (1, 27), Orléans (25), Péronne (223), Chartres (105),
Berry (I, 26), Tours (340).

les dettes. Mais pour rendre possible l'exercice par le pupille de l'action en restitution des meubles, par le baillistre de l'action en remboursement des dettes par lui payées, il fallait que les meubles et les dettes existant à l'ouverture de la succession fussent connues d'une manière certaine : il fallait un inventaire préalable à l'entrée en jouissance du baillistre. Cela aurait été un obstacle autrefois ; cela n'en fut plus un. L'usage de la procédure par enquête avait introduit dans les mœurs l'habitude des écritures. L'inventaire devint obligatoire pour les baillistres.

« Item par la coustume d'Artois et de Vermandois le baill a tous les proffiz et émolumens venans et croissans sur toutes les terres au pupille, comme dessus est dit, mais il n'a nul des meubles, ains demeurent au proffit du pupille et de ses frères et sœurs s'il les a. Et pour la raison de ce bail n'est tenu de payer nules debtes, et s'il les paye, si ne les faict il que prester au pupille et les peut et doit avoir et reprendre en la fin de son bail sur les biens du pupille ou tant tenir sa terre que refondu soit de tout en tout [1]. »

« Tuteurs et baillistres doivent incontinent faire inventaire des meubles et titres des mineurs [2]. »

Ce système si rationnel ne fut cependant pas admis dans toutes les coutumes. Dans celle de Paris et les semblables, le gardien noble avait seulement l'administration des meubles, et cependant il payait les dettes. C'était un résultat de la défaveur avec laquelle était vu le bail depuis qu'il était devenu inutile. Il y avait aussi une autre raison. « S'ils ont aujourd'hui, nous dit Ferrière, « les fruits de tous les héritages, tant nobles que *roturiers*, ce « n'est dans l'origine que par usurpation, et par conséquent ils « ne peuvent être astreints trop sévèrement au payement des det- « tes. » Quant aux héritages roturiers, le terme d'*usurpation* est exact.

Il y a une hypothèse que nous n'avons pas encore prévue. C'est celle où le mineur héritier de fief était aussi héritier d'un bien roturier. Naturellement ce bien roturier devait, pendant la minorité de celui auquel il était échu ou descendu, rester soumis aux règles qui de droit commun se fussent en pareil cas appliquées à toute propriété appartenant à une personne d'une autre

---

1. Somme rurale, partie I, titre 93.
2. Institutes coutumières, liv. I, tit. IV, règ. 25.

condition; et le baillistre ne pouvait acquérir sur ce bien les droits étranges que lui faisait attribuer sur le fief la nature toute spéciale des charges attachées à la concession féodale.

« En vilenage n'a point de bail [1]. »

« Sachez qu'en terre de mainferme ne chet point de bail [2]. »

« Bail si est de fié, mes en vilenage si n'a point de bail [3]. »

Puisque le baillistre était l'ascendant ou le collatéral le plus proche, la tutelle lui appartenait de droit. Ainsi le voulait une vieille coutume germaine, qui avait en grande partie succombé dans le droit des roturiers, mais qui, sous la protection de l'orgueil aristocratique, vivait encore intacte dans la législation féodale.

« La nature du fief est si noble, qu'elle emporte toute administration [4]. » « En pupille de noble venue et de noble ténement n'appartient point de tutelle fors le bail [5]. »

Le droit du baillistre s'étendait donc au vilenage, mais ce droit était celui d'un tuteur; il avait pour objet la pure et simple administration.

« Nus par reson de garde ne par réson de bail ne peut faire siens les fruits des vilenages qui sont as enfans qu'ils tienent [6]. »

Il y avait exception seulement dans les cas où le baillistre, aux yeux de la loi vilaine, était plus qu'un tuteur, où il était ascendant et pouvait alléguer une coutume qui donnait aux ascendants roturiers l'usufruit des biens de leurs enfants.

« En la ville, prevosté et vicomté de Paris, rentes, heritages, possessions mouvans et tenus en censive ne cheent et ne puevent choir en bail, ne un bailleur ne puet et ne doit faire les fruits siens; mais convient que de toutes choses tenues en censive compte soit fait et rendu

1. Beaumanoir, XV, 7.
2. Somme rurale, partie 1, tit. 93.
3. Établissements, liv. II, ch. 8.
4. Somme rurale, partie I, tit. 93.
5. Ibidem.
6. Beaumanoir, XXI, 10.

aux mineurs, quand ils sont devenus aagiés, ou à ceux qui ont d'eux le droit et la cause. Excepté que en la ville et banlieue de Paris, le père ou la mère, l'ayol ou l'ayole, ayans la garde d'enfans mineurs, font les fruicts leurs, par le bénéfice de la garde, des choses mouvans en censive et rien sont tenus de rendre compte [1]. »

Un tuteur doit rendre tout ce qui reste une fois les dépenses couvertes.

Ce reliquat, en cas de bail, était à peu près égal à la recette, puisque l'entretien du mineur et les dettes étaient à la charge du baillistre.

« Item se aucuns a le bail de desagiet de coses qui sont de fief, et chieus désaagiés ait terres chensieves, li baus n'emportera mie les pourfis de le terre chensiève comme sienz; mais il les ara, par boine seurté à rendre u tamps de l'aage à l'enfant [2]. »

On ne reculait pas devant l'application rigoureuse des principes.

« Pierres tenoit un enfant en bail; et estoit li fiés si petit que il n'estoit pas convenable au vivre ne à le vesture des enfans. Li enfans avoient héritages vilains, des quix Pierres avoit l'administration comme garde por les enfans. Si voloit Pierres penre de ces vilenages por les enfans mainburnir de ce qui lor faloit, par desor de ce que li fiés valoit : et li ami as enfans ne le vaurrent pas soufrir ; ains requirrent au conte que Pierre feist bonne seurté de rendre as enfans, quant il seroient aagié, toutes les issues de lor terres vilaines; et que Pierres fust encore contrains à paistre et à vestir les enfans, comme cil qui avoit pris le bail; et que il encore ne pust renoncier au bail, puisque il y estoit entrés; et seur ce se mirent en droit. Il fut jugié que, puisque Pierres estoit entré el bail, combien qu'il vausist poi, il devoit les enfans mainburnir et rendre quites, quant il seroient aagié, et fère sauve toutes les despuelles de lor vilenages par bonne seurté, la quelle seurté il doit bailier as amis prochains des enfans ou au segneur, s'il n'i a amis qui le voille penre [3]. »

---

1. Coutumes notoires, 157.
2. Marnier, ancien coutumier de Picardie, p. 8.
3. Beaumanoir, XV, 6.

Les théories nobiliaires qui, après avoir toujours été mêlées
plus ou moins aux idées énergiques et guerrières de la féodalité
primitive, ont seules survécu à sa ruine, les préoccupations aris-
tocratiques altérèrent peu à peu ce système si logique. On en
vint à considérer le bail comme un privilége attaché aux personnes. Beaumanoir ne se laissa pas égarer par cette fausse tendance :

« On dit que en homme de poesté n'a point de bail. Mais c'est a entendre quant il n'ont point de tere de fief : car s'il ont fief, il poent
avoir bail, et l'emporte li plus prochains en le maniere que je voz ai dit
des gentix homes ; mais s'il n'i a fors vilenage, n'i a point de bail [1]. »

A Paris, dans la coutume d'Anjou et dans nombre d'autres,
après une résistance que les textes constatent, le système contraire
prévalut :

« Burgenses qui habent gardam suorum liberorum altero parente
mortuo, non faciunt fructus suos nec solvunt eciam debita ; sed nobiles
habent ballium suorum, debita solvunt et eis solvitur, et faciunt fructus
suos. »

Mais :

« Sunt aliqui qui dicunt sint nobiles vel non, si racione garde sint
aliqua feuda, quod tunc debent reddere gardam quitam et liberam et
hoc racione feudorum [2]. »

La lutte entre ces deux systèmes et la victoire du premier se
retrouvent dans le Grand Coustumier.

« Il convient que tel noble qui prend la garde la rende toute franche
et quitte de toutes debtes et les deust-il payer du sien propre : mais
garde de posté non. Toutefois aucuns tiennent que, soient nobles ou
non nobles, si pour et à cause de la garde ils trouvent fiefs, ils doivent
rendre la garde franche, pour ce qu'il ne s'en charge qui ne veult [3]. »

Dans la partie de la France qui resta le plus longtemps attachée

---

1. Coutume de Beauvaisis, XV, 23.
2. Aliqua de stylo curie.
3. Grand Coustumier, liv. II, ch. 41.

aux anciens principes, Bouteiller enseigne le nouveau système[1]. Il est adopté par la coutume de Paris et les semblables[2]. Le bail, devenu un privilége nobiliaire, prit le nom de garde-noble : dans la coutume de Paris et dans les semblables, la garde-noble s'étendait aux biens roturiers, et le gardien-noble en avait les fruits comme ceux des fiefs.

Il est inutile de résumer ici les nombreuses obligations du baillistre. On comprendra sans peine quel danger courait le mineur, si le baillistre faisait de mauvaises affaires. Or, pour mettre le mineur à l'abri de tous risques, on imagina de contraindre le baillistre à donner caution. D'abord l'exigibilité de cette caution eut lieu seulement lorsque la conduite du baillistre était de nature à exciter de raisonnables inquiétudes. C'est ce que nous voyons encore ou à peu près dans Beaumanoir ; car si Beaumanoir est le plus logique de nos anciens praticiens, il est certainement le plus arriéré. Seulement, Beaumanoir exige déjà que, dans tous les cas, le baillistre, au moment de son entrée en possession, donne caution de ne pas marier le pupille et de rendre les fruits de son vilenage.

« Il est dit dessus que nus par reson de bail ou de garde ne pot ne ne doit fere siens les fruits des vilenages as enfans, et encore disons noz tant avec, que cil qui les veut lever, doit fère bone seurté, s'il en est requis, de rendre les porfis as enfans ou de metre les en lor porfis ; et s'il ne veut le seurté fère, le justice doit metre en se main les dites despuelles et fere les garder dusqu'à l'aage des enfans[3].

« Il est resons que cil qui a le bail ou la garde, face bone seurté as amis prochains de l'un costé et de l'autre, qu'il ne les mariera pas sans lor conseil : et s'il ne veut fère le seurté, le garde des enfans li doit estre ostée, et les doit-on mètre en garde d'aucun prodome ou d'aucune prode feme du lignage qui ceste seurté voille fère. Et s'on ne trueve qui en ceste manière les voille penre, li sires de le tère les doit fère garder sauvement, s'il en est requis[4]. »

1. « Bail n'appartient sinon à terre franche et entre franches personnes. » Somme rurale, part. I, tit. 93.

2. Art. 9 de l'ancienne cout. de Paris, 267 de la nouvelle, et coutumes semblables. L'ancien système était conservé par les coutumes de Meaux, art. 48 ; de Melun, art. 291 ; d'Amiens, art. 132 ; de Péronne, art. 225.

3. Beaumanoir, XXI, 18.

4. *Ibid.* XV, 31.

Ensuite le cautionnement s'étendit d'une manière générale à toutes les obligations du baillistre, et spécialement à celle qui était la plus désagréable à supporter et devait par conséquent se trouver le moins souvent remplie, celle de payer les dettes. Cependant la coutume de Paris, qui exige la caution du gardien-bourgeois, ne donne point cette garantie au pupille du gardien-noble.

« Super habendo baillo liberorum defuncti comitis Autissiodorensis . . . . . mota coram nobis questione inter Nivernensem et Montisbeliardi comites necnon Beraudum de Mercolio et Stephanum de Vaignori comites. . . . . per arrestum curie nostre dictum fuit quod predicto comiti Nivernensi baillum terre predictorum liberorum in regno nostro existentis et de latere dicti comitis moventis cum omni honore quod incumbit deliberabitur, et ad homagium nostrum propter hoc recipietur, salvo jure nostro et in omnibus quolibet alieno : data prius ab ipso caucione idonea de debitis solvendis et aliis faciendis, que facienda erunt, et que in talibus incumbunt, pro rata dictum comitem contingente racione alli terre predicte [1]. »

« Selonc le général coustume de Ponthieu, de Vimeu et de le baillie d'Amiens, quiconques prend le bail de désagié, il doit fair seur par devers le signeur de qui le fies est tenus, et par deverz les amis communs du desagiet, qu'il rendra l'enfant à sen aage désalié de toutes alianches, se par les amis communs n'est aliés. Item que il delivrera l'enfant de tout che que baus poet et doit estre delivres au temps de son aage [2]. »

« Par tout son temps le bail durant face seureté et caution spécialle qu'il rendra le pupille au chef de son aage sans soing, sans debte et aussi sans loyers de mariage. Et cette seurté et caution est générale en tous lieux et coustumes, nonobstant que autres usages particuliers y ait [3]. »

1. Arrêt de 1309.
2. Marnier, Ancien Coutumier de Picardie, p. 6.
3. Somme rurale, partie I, tit. 93.

CHAPITRE TROISIÈME.

QUAND FINISSAIT LE BAIL FÉODAL.

SECTION Ire. *Quand le bail finissait par rapport au baillistre.*

Les circonstances d'où dépendait la cessation du bail se ratta-
chaient, les unes à la personne du baillistre, les autres à celle du
pupille. Dans le premier cas, le bail finissait pour recommencer ;
dans l'autre, il était irrévocablement terminé.

Nous avons déjà vu que dans quelques coutumes certains faits
relatifs à la personne du baillistre, par exemple le mariage des
ascendants, le mésusage des ascendants et des collatéraux, mar-
quaient le terme du bail. Mais, en règle générale, dans toutes les
coutumes où le bail était un droit attaché à une personne, et
n'était pas, comme la garde seigneuriale, un droit attaché à une
terre, le baillistre, en perdant la capacité de tenir un fief, perdait
le privilége que cette capacité avait fait créer à son profit.

La folie ne faisait pas finir le bail, car la folie ne rendait pas
incapable de tenir un fief.

« Et pur ceo que ascune foiz avient que ascun heire est sot nastre,
par quoy il n'est mie able à héritage demander et garner, volons que
tielx heires, de qui que il unques tenent, masles et femelles, demoergent
en nostre garde ovesques touts lour héritages, sauve à chescun seigniour
touts autres services que à luy appendent de terre tenue de luy, et
issi remeynent en nostre garde taunt comme ils durent en lour sotise;
et ceo ne volons nous mye de ceux que devenent fous par ascune
malady [1]. »

« Or demande l'en en desvé ou en home qui ne set qui se fet, ou en
malade qui ait maladie perpetuel, savoir s'il i a bau? Et l'en dit que
non; mès il i a garde, et li profiz de toz ses biens sont séant [2]. »

Mais le fait qui détruit chez l'homme toute capacité juridique
lui enlevait nécessairement aussi toute capacité féodale : le bail

---

[1]. Britton, c. 66.
[2]. Li livres de jostice et de plet, p. 222.

finissait donc par la mort de l'ascendant ou du collatéral baillistre. Et alors, dans la législation primitive, un nouveau baillistre remplaçait le défunt.

« Mortuo Matheo de Villa Beonis, milite, Mahietus, filius et heres
ipsius, venit in ballum domini Petri Cambellani. Postmodum dicto
Petro viam universæ carnis ingresso, idem Mahietus venit in ballum
domini Adæ de Villa Beonis. Dicto Adam satis cito postea defuncto,
idem Mahietus venit in ballum domini Galteri Cambellani, nepotis
quondam dicti domini Petri [1]. »

Plus tard, la défaveur avec laquelle le bail finit par être considéré fit changer, à cet égard, la législation.

SECTION II. *Quand le bail finissait par rapport au pupille mâle.*

Le bail se terminait aussi, mais alors universellement et d'une
manière irrévocable, quand cessait l'incapacité qui l'avait fait
établir, quand le pupille avait enfin légalement la force d'esprit
et de corps nécessaire pour tenir un fief.

A quelle époque était-ce ? Voilà ce qu'il nous faut examiner.

La majorité roturière était fixée à quatorze ou quinze ans. A
cet âge, un homme était réputé avoir la maturité intellectuelle
nécessaire pour conduire dans le monde sa personne et ses affaires. Mais, pour tenir un fief, il fallait, à cette maturité intellectuelle, joindre un assez grand développement de forces phy-
siques pour remplir, comme le voulait l'intérêt du seigneur,
l'obligation si importante du service militaire. Le majeur de
quatorze ou quinze ans pouvait-il combattre sous le poids du
pesant attirail dont se chargeaient les chevaliers du moyen âge ?
Dans la partie orientale de la France coutumière, on admit qu'il
le pouvait. En conséquence, on y fixa le terme du bail à l'époque
où le pupille atteindrait l'âge de quatorze ou quinze ans. Bouteiller, Beaumanoir, l'ancienne coutume de Champagne, le Miroir de Souabe, l'ancienne coutume de Berry, le constatent :

« Sçachez que si tost que le mineur passe à quatorze ou quinze ans
il peut revenir à sa terre, ne le bail n'y a plus que toucher [2]. »

1. Olim, arrêt de 1277.
2. Somme rurale, part. I, tit. 20.

« Certaine coze est que li hoirs malles est aagiés par nostre coustume quand il a quinze ans accomplis [1]. »

« Se il y a hoir masle, si tost comme il est ou quinzième an, il doit reprendre du seigneur.... Quar hom est hors d'avouerie au quinzième an [2]. »

« Li vassaus aofes de XIII ans et VI semaines peut bien tenir fiez [3]. »

« L'en garde par la coustume de Berry que ung enfant est aagé d'entrer à la foy du seigneur quand il a accompli le quatorziesme an [4]. »

Les coutumes officielles qui constatent le dernier état du droit féodal, laissèrent, dans la partie orientale de la France, la majorité féodale des mâles fixée à quatorze ou à quinze ans. Dans celles de Vitry (art. 65), de Boulenois (art. 77), de Pontieu (art. 58), la garde-noble des hommes finit à quinze ans. Celles d'Artois (art. 154), d'Amiens (art. 134), de Péronne (art. 58 et 226), de Calais (art. 139), de Saint-Quentin (art. 77 et 98), de Reims (art. 113 et 332), de Chaumont (art. 12), de Troyes (art. 18), de Meaux (art. 145 et 153), de Bourgogne duché (VI, 4), de Nivernais (IV, 5), de Berry (I, 37), en placent le terme à quatorze ans. On peut citer, comme exception, celle de Clermont en Beauvaisis (art. 91) et celle de Sens (art. 158), où la majorité féodale a lieu à dix-huit ans seulement, celle de Châlons, où la majorité féodale est reculée jusqu'à vingt ans, et celle de Clermont en Argonne, où elle l'est jusqu'à vingt ans et un jour.

Les usages suivis en cette matière dans la partie orientale de la France furent transportés à Jérusalem par les Croisés :

« Et si est usage ou assise que père ou mère a le baillage dou fié qui est dou droit de son fiz... qui est merme d'aage.... jusqu'à ce que l'eir a son parfait aage, c'est assaveir le fiz quinze ans [5]. »

Dans la partie occidentale de la France, en particulier dans l'ancien duché de France, l'intérêt du vassal et du seigneur fit prolonger la minorité féodale.

1. Beaumanoir, XV, 14.
2. Li drois et li coustumes de Champaigne et de Brie, § 5.
3. Miroir de Souabe, part. II, c. 46.
4. Anc. coust. de Berry, art. 71.
5. Geoffroy le Tort, 18.

« Gentilhons n'a aage de soi combattre devant que il ait vingt et un an [1]. »

« En France nul n'est tenu.... de combattre avant vingt et un an de son aage par l'ancienne coutume de France [2]. »

Il fallait donc avoir vingt et un ans pour pouvoir faire le service de guerre, auquel astreignait la possession d'un fief.

« Feme n'est d'aage por servise devant que ait quinze ans et home devant que ait vingt ans et plus [3]. »

Aussi Beaumanoir appelle-t-il le mineur féodal :

« Un home qui soit sous-aagiés desoz quinze ans accomplis à le coustume de Biavoisis, ou desous l'aage de vingt ans à le coustume de France [4]. »

Les pairs de France étaient majeurs à cet âge. C'est ce que nous apprend la transaction de 1284, entre Philippe le Hardi et Edmond d'Angleterre :

« Et les dis Eymond et B. sa compaigne disoient le contraire, en affermant qu'ils devoient tenir le bail jusqu'à vingt et un an accompli par les us et par les coustumes des pers et des barons de France [5]. »

Un précédent confirme l'assertion d'Edmond et de Blanche. Quatre lettres de l'année 1214, citées par Brussel, et par lesquelles les archevêques de Reims et de Sens, les évêques de Châlons et d'Auxerre déclarent avoir reçu à l'hommage le jeune Thibaud, comte de Champagne, alors tenu en bail par sa mère Blanche, portent ces mots :

« Salvo ballo ejusdem, quod ipsa (Blancha) tenere debet, donec dictus comes compleverit vicesimum primum annum [6]. »

---

1. Établissements, I, 73.
2. Institutes coutumières, l. VI, tit. I, règle 24.
3. Li livres de jostice et de plet, p. 238.
4. Beaumanoir, XV, 30.
5. Brussel, t. I, p. 218.
6. Brussel, t. II, p. 830.

Cependant l'usage de Champagne fixait à quatorze ans la majorité féodale des hommes.

Elle est placée à vingt et un ans par l'ordonnance de 1246 :

« Est autem ætas heredis masculi faciendi homagium domino et habendi terram suam quam cito idem heres est ingressus suum vicesimum primum annum. »

Par le Livre de justice et de plaid :

« Bail dure dusque vint un an [1]. »

Par les Établissements de saint Louis :

« Se ainsint avenoit que gentilfame eust petit enfant et ses sires mourust, tenroit elle le bail de son hoir masle jusques à vingt et un an [2]. »

Par le Grand coutumier de Charles VI :

« De consuetudine generali aliquis non est sufficiens ad tenendum terram in feudum, nisi habeat viginti annos completos et viginti unum attigerit, et hoc in masculis [3]. »

Par le Grand coutumier de Normandie :

« Item peus et dois sçavoir que en la duché de Normandie des moindres dans le duc en a le gouvernement et de leurs biens, terres et fiefs, jusqu'à ce qu'ils soient venus jusques à l'age de vingt et un an. »

Par l'ancienne coutume de Bretagne :

« Nostrates (dit d'Argentré sur l'article 74 de l'ancienne coutume de Bretagne, note 1, n° 3) *bail* appellant, cum, mortuo vassallo ac ballii lege feudum tenente, relicto herede ætate minori, dominus superioris feudi aperto servienti feudo fruitur, donec heres justam viginti annorum ætatem impleverit. »

Cet état de choses fut conservé, ou à peu près, dans les der-

1. Page 221.
2. L. I, c. 17.
3. L. II, c. 28.

nières coutumes officielles. Les hommes sont majeurs à vingt
et un ans dans les coutumes de Chartres (art. 42), de Dreux
(art. 31), de Châteauneuf (art. 44); à vingt ans et un jour
dans celles de Senlis (art. 155), de Valois (art. 75), d'Orléans (art. 24), de Montargis (I, art. 28), de Dunois (art. 11); à
vingt ans dans celles de Mantes (art. 27), du grand Perche
(art. 44), d'Étampes (art. 20), de Dourdan (art. 31), de Montfort
(art. 22), de Laon (art. 171), de la haute Marche (art. 200),
d'Auvergne (XXII, art. 28), du Maine (art. 99 et 455), d'Anjou
(art. 86), de Bretagne (art. 483), de Normandie (art. 198) et de
Paris (art. 32). '

Les Normands portèrent en Angleterre l'usage établi dans la
partie occidentale de la France, de fixer à vingt et un ans le terme
de la minorité féodale. Il est assez curieux de voir, vers le même
temps, prévaloir à Jérusalem la coutume reçue dans la région
orientale de la France. Glanville, Britton, la Flète nous disent
qu'il faut avoir vingt et un ans pour tenir un fief.

« Si vero constet eos esse minores, tunc ipsi heredes tenentur esse
sub custodia dominorum suorum, donec plenariam habuerint ætatem,
si fuerint heredes de feodo militari, quod fit post vicesimum annum
completum [1]. »

La Grande charte d'Angleterre sanctionna ce système :

« Postquam talis heres fuerit in custodia, cum ad ætatem pervenerit,
scilicet viginti et unius annorum, habeat hereditatem suam sine rele-
vio, sine fine; ita tamen quod si ipse, dum infra ætatem fuerit, fiat
miles, nihilominus terra remaneat in custodia dominorum suorum
usque ad terminum prædictum [2]. »

Il pénétra jusqu'en Écosse :

« Si vero constat eos heredes esse minores, ipsi tenentur esse sub dominorum suorum custodia, donec plenam habeant ætatem, si fuerint
heredes de feodo militari, scilicet in masculis usque ad vicesimum
primum annum, si fuerint heredes de feodo militari [3]. » ·

1. Glanville, l. VII, § 8. — Voy. Britton, c. 66, et la Flète, l. 1, c. 9, § 4.
2. Art. 3.
3. Regiam majestatem, l. II, c. 41.

Il a, dans la Grande-Bretagne, traversé le moyen âge ; il y est
parvenu jusqu'aux temps modernes. Nous le trouvons dans Littleton et Fortescue :

« Le seignor avera la terre tenus de luy tant que à l'age de l'heire de
XXI ans, lequel est appelé pleine age, pur ceo que tiel home per en-
tendement del ley n'est pas able de faire tiel service de chivalier devant
l'age de XXI an [1]. »

« Si hereditas teneatur per servitium militare, tunc per leges terræ
illius infans ipse et hereditas ejus non per agnatos neque cognatos
sed per dominum feudi illius custodientur quousque ipse fuerit ætatis
viginti annorum [2]. »

Les jurisconsultes anglo-normands exposent la théorie avec une
clarté remarquable :

« Plusurs manères de fées et de tenure sount, dount tous les plus
hauts sount de chivalry et de graund serjaunty, les quex fiès fuerent
purveus al defences de nostre réalme, dount les heires ne sount mye
ables à défences ne as armes porter jesques à taunt que ils eyent accom-
ply le age de XXI an [3]. »

« Ante ætatem porro viginti et unius annorum robustos vel habiles
ad arma suscipienda pro patriæ defensione non reputantur, et ideo
undres dicuntur, et sub tutela dominorum interim remanebunt [4]. »

Outre l'âge, premier et principal élément de la majorité féodale, un second élément était originairement indispensable pour
la former : il fallait que le vassal fût fait chevalier :

« Et ce il n'est chevalier quant il a prové son aage, c'il fait que sage,
il dira au seignor, quant il aura prové son aage : « Sire, donnés moi un
respit raisnable de moi faire chevalier, por faire voz le servise que je
vos dois de mon fié. » Et le seignor li deit donner le respit, se cuit, et il
me semble raisnable, de quarante jors, se le seignor n'a besoin hastif
de chevaliers por afaire d'armes ; et se il l'a, selonc le besoin, le respit.
Et je cuit que celui qui euffre son aage à prover, si comme est avant

1. Littleton, c. IV, sec. 103.
2. Fortescue, de Laudibus legum Angliæ, c. 44.
3. Britton, c. 66.
4. La Flète, liv. I, c. 9, § 4.

dit, fereit que sage se il se faisoit faire chevalier, puis que il auroit quinze ans complis, et ainz que il offrist son aage à prover ; et que maintenant que il seroit chevalier et que il auroit prové son aage, que il offrist au seignor son homage de cel fié, tel come le fié le deit[1]. »

Le majeur noble, non chevalier, est dispensé de répondre à la demande d'héritage ; mais, chevalier ou non, l'on ne pouvait tenir un fief avant d'être majeur :

« Si ipse, dum infra ætatem fuerit, fiat miles, nihilominus terra remaneat in custodia dominorum suorum usque ad terminum prædictum[2]. »

Plus tard, la majorité seule fut exigée.

Quelquefois, une contestation s'élevait entre le pupille et le baillistre sur la question de savoir si le pupille avait atteint sa majorité.

Alors le pupille faisait assigner le baillistre, et, au jour désigné, prenait la parole devant la cour en ces termes :

« Sire, en bail ai esté jusques à maintenant ; plus n'y doy ne vueil estre, car j'ai mon age acomplie, pour quoy je vous requiers que vous me receviez en vostre foy et en vostre hommage, et vous en offre la bouche et les mains. Et si iceluy qui a tenu mon bail ou autre veut dire ou opposer au contraire, si sui-je prest de prouver mon aage par parains et maraines, tant qu'il devera suffire[3]. »

Les registres de l'état civil sont un progrès moderne. Il fallait, autrefois, recourir à la preuve testimoniale, et le témoignage le plus concluant était celui des parrains et marraines ; c'était celui que le mineur devait offrir pour être sûr du gain de son procès. Beaumanoir, plus large que Bouteiller, était déjà d'une opinion analogue et n'aurait pas facilement admis toute espèce de témoins ; mais il considère comme concluant le témoignage des parents, des nourrices, du prêtre qui a baptisé, des personnes qui ont assisté au baptême, des domestiques qui ont assisté à l'accouchement :

1. Jean d'Ibelin, ch. 169.
2. Grande charte d'Angleterre, art. 3.
3. Somme rurale, part. I, tit. 93.]

« Quant aucuns veut prouver qu'il est en aage por issir de bail ou por estre tenans de son fief que ses sires tient par defaute d'omme, il ne li loist pas à amener temoins, tout soit ce qu'il voille prouver, tex comme il li plest ; ainçois doit estre fete enqueste de son aage par les parens et par les parrins et les marrines et par les norrices et par le prestre et par cex qui furent au baptisier et par les mesniés qui estoient entor la mère el tans qu'il fu nés ; car cil qui veut prover son aage par autres tesmoins que par l'enqueste de cix dessus nommés se rent durment soupchonneus. Neporquant noz avons veu c'on li souffroit à prover par autres tesmoins ; mais c'est restraint, por ce c'on a seu de certain que li aucun emportèrent le droit des héritages comme aagié, et ne l'estoient pas, por ce c'on lor laissoit eslire tesmoins à lor volenté. Et on ne meffet de riens as sous-aagiés, s'on veut savoir le vérité de lor aages par les personnes desus dites [1]. »

Il est bien entendu que les parrains et marraines viennent toujours en première ligne. Il est même certain, d'après le texte de Beaumanoir, qu'à défaut de ces témoins fixés par la coutume, on eût accepté le témoignage de toute autre personne. Les Établissements de saint Louis nous le disent clairement :

Se ainsi estoit que le bail ne li vousist rendre sa terre et deist qu'il n'eust pas aage de terre tenir et cil l'offrist à prouver qu'il eust vingt-un an, il le prouveroit par ses parrains et par le prestre qui le baptisa, et le juerroient seur sains, et li prestre le diroit en parole de prevoire. Et s'il ne les pooit avoir, qu'il fussent tuit mort, il le proveroit par preudoms et par preudes fames, qui seroient certains de son aage et le juerroient seur sains [2]. »

Mais, en Orient, la preuve de la majorité était beaucoup plus facile : il suffisait que les témoins fussent chrétiens :

« Il deit prouver par deux léaus crestiens, homes ou femes, qui jurent que il a quinze anz ou plus d'aage et que ils le jurent. Et se il ensi le preuve, il aura bien prové son aage, si come il deit [3]. »

Cette latitude laissée au pupille tenait peut-être à l'origine

---

1. Beaumanoir, XVI, 6.
2. Établissements, l. I, ch. 73.
3. Jean d'Ibelin, ch. 169.

étrangère d'une partie considérable des hommes soumis à la loi
féodale à Jérusalem et en Chypre. Cependant, les coutumes
anglo-normandes accordent au mineur une liberté de choix à peu
près égale.

« Donec ætas rationabiliter probetur per legales homines de visineto
et per eorum juramenta [1]. »

« Il fu jugié que li aages de XXI ans est prouvez par quatre tesmoins
jurez [2]. »

Outre la preuve testimoniale, le Miroir de Souabe admet celle
qui se fait *inspectu corporis* :

« S'ele met an ne qu'éle n'ait les XII ans passez, ansi come nos avons
dit desus, l'en doit anquérir per son père ou per sa mère ou per ses plus
prochains paranz ou per aucon qui le seit qui puisse jurer ses tiers que
ele a XII anz ou plus. Adonques est ele vancue. Et se l'an ne trove la
vérité per testmoniage, l'an doit lo fil éseier et proveir : l'an li doit
sentir en la lavre de la boche de soz lo neis, se il y ha petit poil
an signe de bàrbe ; ce vaut un testmoniage. Après, li doit l'an santir
entre les jambes, auteur pene, se il y a petit poil ; c'est li tiers testmoniage : à ce voit l'an bien que li fil a XIV anz ou plus. Et ceste manière ne puet l'an mie faire de la damoiselle, ne proveir ansi come nos
avons dit desus [3]. »

Dans la plupart des textes que nous venons de citer, on voit le
pupille faire la preuve de sa majorité. Le seigneur pouvait-il la
faire, quand il avait intérêt à la cessation du bail ? Beaumanoir
répond négativement :

« Certaine cose est que li hoirs malles est aagiés, par nostre coustume,
quant il a quinze ans acomplis, et le femme, quant ele a douze ans
acomplis. Mais por ce ne demeure pas qu'il ne se puissent bien tenir u
bail ou en le garde où il sont, tant comme il lor plest, mais que ce soit
sans fraude et sans barat......... Pierres tenoit en bail un sien neveu
et une soie nièce, qui estoient frère et sereur. Le suers vint avant à son
aage de douze ans acomplis que ses frères ne fust à l'aage de quinze ans ;

1. Regiam majestatem, l. II, c. 43. — Glanville, l. VII, § 9.
2. Marnier, Établiss. de Normandie, p. 116.
3. Part. I, ch. 28.

si que, s'il pleust à le seror, ele eust osté le bail de le main de son oncle, et l'eust tenu, tant que ses frères eust eu quinze ans acomplis. Et quant li sires vit, qui volentiers eust pris son racat, que ele ne venroit pas au bail, il saisi le fief..... li fu regardé par le conseil des sages homes de le conte que li sires ne pooit pas contraindre le suer à penre le bail de son frère, ains convenoit qu'il y soufrist Pierre son oncle, dusques à tant qu'il pléroit à la suer qu'ele y venist, ou dusques à tant qu'il se tréroient avant comme oir aagié [1]. »

Cependant, nous lisons le contraire dans l'ancienne coutume de Champagne (ch. 5) :

« Se il ne reprengnent, li sires puet asséner au fié, jusques à tant que il le reprengnent. Quar hom est hors d'avouerie au quinziesme an et femme à le unziesme an. »

Quand le mineur était dans la garde du seigneur, le seigneur ne pouvait avoir intérêt à prouver la majorité. Ainsi, le pupille restait en garde jusqu'à ce qu'il eût fait la preuve :

« Si vero dubium fuerit de heredis ætate, procul dubio domini ipsius tam heredem quam hereditatem in custodia habebunt donec ætas rationabiliter probetur per legales homines de visineto et per eorum juramenta [2]. »

En Normandie, le pupille, pour être mis en possession de son fief, devait obtenir un mandement de la Chambre des comptes, en vertu duquel le bailli du lieu constatait l'âge du requérant et le saisissait de sa terre :

« Se les amys d'aucun qui est en garde pour cause de son soubs-aage, viennent à moi qui suis bailli, que je me informe de son parfait aage, et se je le treuve aagié, que je le mette hors de garde ; je ne le dois faire, supposé que le roy me le mandast par ses lettres, se la Chambre ne le mande, et que je me informe ; je ne dois informer, ne enquérir, fors ce que la Chambre me mande ou surplus faire. Car il convient qu'il voist à la Chambre faire son hommage et baillier son dénombrement pour estre enregistré en la Chambre des monnoyes [3]. »

---

1. Beaumanoir, XV, 14.
2. Regiam majestatem, l. II, c. 43. — Glanville, l. VII, c. 9.
3. Coustume, style et usage au temps des eschiquiers de Normandie, p. 27.

Section III. *Quand le bail finissait à l'égard des filles pupilles.*

Dans les premiers temps de la féodalité, toute femme était incapable de tenir un fief. C'est un principe de l'application duquel le onzième siècle nous offre un exemple remarquable : Raimond de Saint-Gilles , un des chefs de la première croisade , un des plus célèbres comtes de Toulouse, avait hérité du grand fief de son frère, nonobstant l'existence d'une petite fille laissée par ce dernier. Peu à peu cette rigueur s'adoucit, et l'on vit s'établir une législation moins contraire au droit commun : quand le mâle le plus proche n'était pas fils du dernier tenancier, et que le dernier tenancier avait laissé une fille, le mâle le plus proche ne gardait le fief qu'un temps limité; il perdait le fief au moment où la fille épousait un homme capable de le desservir. Car cet homme, aussi capable, féodalement parlant, que les collatéraux du défunt, avait la supériorité sur eux au point de vue héréditaire, investi qu'il était des actions compétentes à l'héritière directe du défunt. Il fut donc préféré aux collatéraux, et cette transaction entre le droit commun et les règles primitives du droit féodal fut acceptée par les seigneurs. Ils n'y perdaient rien. En Normandie, la délation des successions de fiefs aux filles donna lieu à l'ouverture de la garde seigneuriale ; ailleurs, les collatéraux eurent le bail et conservèrent le fief jusqu'au mariage. Mais partout les seigneurs eurent ou le droit d'imposer à la fille le mari qu'il leur plaisait, ou au moins une part considérable d'influence sur le choix du mari. Ils avaient grevé leur terre de la servitude du domaine utile ; mais si cette servitude, de viagère qu'elle avait été d'abord en général, était devenue transmissible, elle n'avait acquis ce caractère nouveau qu'en faveur des descendants du premier concessionnaire , de la famille qui devait sortir de lui. Étranger à cette famille, le mari de l'héritière pouvait-il, en alléguant le contrat primitif, exiger logiquement que le seigneur l'acceptât pour vassal? Évidemment, le seigneur était, dans le principe, libre de répondre par un refus ; mais les idées cependant continuaient à marcher, et une force invincible les ramenait incessamment au droit commun, au droit naturel, d'où les avait éloignés la violence de la révolution féodale. On avait fait un premier pas : on avait accordé à la fille et au gendre la préférence sur les collatéraux; on en fit un second :

le mariage de l'héritière ne fut plus soumis à l'immorale condition du consentement seigneurial. On n'exécuta plus les clauses du contrat d'acquisition, et pourtant le contrat d'acquisition ne fut point résolu.

En Normandie, et par suite en Angleterre, la garde seigneuriale des filles se terminait par le mariage; mais c'était le seigneur qui mariait, c'est-à-dire la personne la plus intéressée à empêcher le mariage. Cependant, la coutume fixait un âge où le mariage devait avoir lieu. Mais comment une loi aurait-elle été plus puissante que l'intérêt du plus fort ?

« Mulier vero vel mulieres, si heredes alicujus remanserint, in custodia dominorum suorum remanent; quæ si infra ætatem fuerint, in custodia erunt donec plenariam habuerint ætatem[1]; et cum habuerint ætatem, tenetur dominus earum eas maritare singulas cum suis rationalibus portionibus. Si vero majores fuerint, tunc quoque in custodia dominorum suorum remanebunt donec per consilium et dispositionem dominorum maritentur ; quia sine dominorum dispositione vel assensu nulla mulier heres terræ maritari potest de jure vel consuetudine regni[2]. »

Toutefois, le père pouvait choisir un mari à sa fille, et le seigneur ne pouvait, sans de justes motifs, refuser d'accepter ce mari pour vassal.

« Verum, si quis licentiam quærit a domino suo filiam suam et heredem alicui maritandi, tenetur dominus aut consentire aut justam causam ostendere quare consentire non debeat. Aliter enim, etiam contra ipsius voluntatem, poterit mulier ipsa de consilio patris sui et pro voluntate libere maritari[3]. »

Cette législation resta la même après la réunion de la Normandie à la couronne de France. Le seigneur conserva le droit de mariage :

1. Le droit de mariage appartenait au seigneur qui avait la garde, c'est-à-dire au seigneur lige : « Le seignour de plus ancien fié ad meillour droit en la garde, et par conséquent del corps et par conséquent del mariage pour la ligeance. » Britton, c. 66.
2. Glanville, VII, 12.
3. Glanville, l. VII, § 12.

« Tuit cil se consentirent comment li dus de Normandie... si doit
avoir le don des filles à ses homes se il n'i a oir male ; et tuit li tenement
qui appartienent al filles par héritage, de qui fieu que il soient, doivent
suivre la donoison le duc [1]. »

La garde finissait seulement par le mariage :

« Femme n'yst pas de garde fors par mariage [2].

Dans les Assises de Jérusalem, le terme du bail est le même :

« Et si est usage ou assise que père ou mère a le bailliage dou fié, qui
est dou dreit de son fiz ou de sa fille, qui est merme d'aage, devant toz
autres parens, jusqu'à ce que l'eir a son parfait aage, c'est assaveir le
fiz quinse anz, et la fille mariée [3]. »

La garde seigneuriale n'existait pas en Orient, mais les Croisés y avaient apporté le droit de mariage, et le seigneur, étranger à la famille, aux affections de la famille, pouvait quelquefois,
de connivence avec le baillistre, retarder indéfiniment le mariage, et par conséquent l'extinction du bail. De là une procédure compliquée et longue, que Jean d'Ibelin expose, et qui ne
remédiait probablement pas d'une manière complète aux incon-
vénients d'une pareille législation :

« Se fié escheit à damoiselle qui ait douze anz ou plus, celui ou celle
qui devoit tenir son baillage, se elle eust moins de douze anz, le devra
tenir par l'assise ou l'usage de cest reiaume, tant qu'elle soit mariée,
tot seit ce qu'elle a douze anz passés. Et puis qu'elle aura douze anz
passés, le seignor la peut semondre de prendre baron... Et se aucun
tient le fié qui seit tel que le seignor aime miaus que il le teigne que
marier la damoiselle, et les parenz et amis de la damoiselle veulent que
elle soit mariée et que elle entre en son fié, il doivent venir devant le
seignor et dire li : « Sire, nostre parente tel, qui fu fille de tel », et nom-
ment li et son père, « a passé douze anz, et elle provera bien son aage,
se aucun la en mescreit ; si voz prions et requerons qu'il voz plaise
que noz la puissions marier, si que ele entre en son fié et que voz
en aiez le servise. » Et se le seignor ne fait leur prière, laquel je ne

1. Marnier, Établiss. de Norm., p. 48.
2. Grand constumier de Normandie, ch. 33.
3. Geoffroy le Tort, 18.

cuit pas que il face volentiers, ce il n'est moult tenus à eaus, por ce
que le fait des mariages est une chose de quei le seignor peut aveir plus
de proufit, et l'a souvent, si li dient : « Sire, noz vos donrons tant, c'il
voz plaist, et soufrez que noz la marions. » Et se le seignor ne viaut
finir à eaus de cel mariage, si li dient : « Sire, donc voz prions noz et
requerons que voz la mariés si comme voz devez par l'usage de cest
reiaume. » Et se le seignor ne le fait par ce que il teigne le fié, que il
aime miaus aveir le proufit des rentes dou fié que ce que il auroit por
le mariage, ne que la damoiselle eust baron, laquel chose bon seignor
ne fera ja, se Dieu plaist, ou por aucune chose delléast le mariage ; se
les parents de la damoisele veulent tot outre que elle soit mariée,
doivent venir devant le seignor à la court....... Et quant la court
aura ladite connoissance faite, se le seignor ne li a offert le baron
dedenz ledit terme, selonc ledit usage, elle se peut marier à sa volenté [1]. »

Les Assises présentent assez exactement l'état général des coutumes françaises au douzième siècle et au commencement du
treizième. Quoique en France la famille eût légalement sur le
choix de l'époux une influence plus grande qu'en Orient, le droit
seigneurial de mariage y était cependant reconnu. Robert de
Courtenai jura à Philippe-Auguste :

« Quod si dilecta neptis sua Mathildis, comitissa Nivernensis, deficeret
de bono et fideli servitio faciendo domino regi, et se maritaret absque
licentia et voluntate ejusdem, ipsum juvaret contra dictam comitissam
donec id esset emendatum [2]. »
« Anno 1199, Philippus rex Petri Nivernensis filiam tradidit in con-
jugem Herveo de Giemo et cum ea comitatum Nivernensem, qui eam
hereditario jure contingebat [3]. »

Seulement, le seigneur ne faisait pas le choix à lui seul :

« Quicumque etiam, sive mater sive aliquis amicorum, habeat custodiam feminæ, quæ sit heres, debet præstare securitatem domino a quo
tenebit in capite quod maritata non erit nisi licentia ipsius domini et
sine assensu amicorum [4]. »

1. Jean d'Ibelin, ch. 171.
2. Histoire de Courtenay ; Preuves, pag. 29.
3. Chronique de Robert, moine de Saint-Martin d'Auxerre.
4. Ordonnance de 1246.

Mais la femme n'y pouvait pas davantage tenir un fief avant d'être mariée.

Une réforme eut lieu, comme nous l'apprend le Livre de justice et de plait :

« Li anciens droiz si est tex, que feme n'ert à aage à terre tenir devant qu'ele fut mariée; et por ce que li ami la tenoent tant à marier, por avoir le preu de la terre, mainz maus en sordoent. Et li rois Loys vost ci fère amendement, et establi par général concire que feme, puis qu'ele aroit quinze anz, fust hors de bail et tenist sa terre [1]. »

Ce roi Louis, contemporain du Livre de justice et de plait, ne peut être que saint Louis. Et, en effet, l'ordonnance rendue par saint Louis en 1246 sur le bail et le rachat dans le Maine et l'Anjou, contient ces mots :

« Quia vero super ætate feminarum certa consuetudo non inveniebatur, idem dominus rex, assensu nostro, statuit et ordinavit, quod femina non maritata, postquam decimum quintum annum complerit, habeat legitimam ætatem ad faciendum homagium domino et habendam terram suam. »

Ainsi, il n'était plus nécessaire que la femme fût mariée pour être capable de tenir un fief; il y avait, pour les filles comme pour les hommes, une majorité féodale. Cette majorité avait lieu a quinze ans dans la partie occidentale de la France, où celle des hommes avait lieu aussi à un âge plus avancé que la puberté romaine.

« Feme n'est d'aage por servise devant que ait quinze ans et home devant que ait vint ans et plus [2]. »

« Si ainsint avenoit que gentifame eust petit enfant et ses sires morust, tenroit elle le bail de son boir masle jusque à vint et un an et le bail de sa fille jusques à quinze ans, pour coi il n'i ait boir masle [3]. »

« De consuetudine generali aliquis non est sufficiens ad tenendum terram in feudis, nisi habeat XX annos completos et XXI attigerit, et hoc in masculis; in femellis vero, nisi habeant XIV annos et XV attigerint [4]. »

1. P. 233.
2. Li livres de jostice et de plet, p. 238.
3. Établissements, l. 1, c. 17.
4. Grand coustumier, l. II, c. 28.

Dans la partie orientale de la France, où la majorité féodale des hommes concourait avec la puberté romaine et avec la majorité roturière, les filles atteignaient aussi la majorité féodale au même âge que la majorité roturière, c'est-à-dire à douze ans.

« Certaine cose est que li hoirs malles est aagiès quant il a quinze ans acomplis, et le femme quant ele a douze ans acomplis [1]. »

« Et se il y a hoir masle, si tost comme il est ou quinziesme an, il doit reprenre du seigneur. Et se il n'y a que filles, si tost comme elles auront unze ans, elles devront reprenre du seigneur [2]. »

« Et dure le temps de bail sur l'hoir masle jusqu'à ce qu'il ait quinze ans, et sur la femelle jusqu'à ce qu'elle ait unze ans. Et ceste coustume de bail a lieu en la chastellenie de l'Isle, de Douay, d'Orchies et de Tournesis [3]. »

Cette division géographique de la France, au point de vue de la majorité féodale des filles, se conserva dans les coutumes officielles, et l'âge y fut celui que nous trouvons, dès le treizième siècle, dans Beaumanoir, les Établissements, le Livre de justice et de plait. On peut consulter, à ce sujet, les coutumes et les articles de coutumes que nous avons cités à propos de la majorité féodale des hommes, en faisant déjà la même remarque.

Les coutumes de Normandie et de Bretagne sont les seules coutumes importantes où nous trouvions une exception : elles font durer jusqu'à vingt ans la minorité féodale des femmes. Nous avons déjà vu que, suivant le Grand coutumier de Normandie, le seigneur n'était pas tenu à marier avant vingt ans les filles qu'il avait en garde. En effet, la garde seigneuriale avait pour résultat d'intéresser le pouvoir central à la prolongation de la minorité, et si le roi voulait bien les réformes, il ne voulait pas celles qui auraient pu lui être préjudiciables. Aussi l'ordonnance de 1246 ne s'appliqua-t-elle pas à la Normandie.

La majorité féodale des femmes n'était pas un terme rigoureux comme celle des hommes. Si le terme du bail avait été fixé quant à elles, c'était dans leur intérêt, et dans leur intérêt seulement : cela ne devait pas leur nuire. Aussi :

« Il (li rois Loys) ne mua riens de l'ancien droit, an ce que ci elle ert

---

1. Beaumanoir, XV, 14.
2. Li drois et li coustumes de Champaigne et de Brie, § V
3. Somme rurale, part. 1, tit. 93.

mariée ou à douze anz ou à trèze, que sis maris eust sa terre délivre [1]. »

« Mariage tost-il bail ? Nesnil en home, et en feme oïl [2]. »

Beaumanoir, malgré la courte durée de la minorité dans la
châtellenie de Clermont, admet cette décision en partie; il l'admet pour le cas où le baillistre est un ascendant :

« Mariages n'accource pas le tans que cil doivent avoir qui tienent
par réson de bail. Mais autrement iroit, se c'estoit garde : car, se j'avoie
une fille et le mère estoit morte et je tenoie le fief de cele fille par le
réson de le mère, et me fille estoit mariée sous-aagé, si tost que ele
seroit mariée, ele emporteroit l'éritage de par se mère [3]. »

Si le mariage abrégeait la durée du bail, il pouvait aussi le
prolonger, le faire durer au delà de la majorité de la femme. Il
pouvait même le faire recommencer, et cela arrivait quand elle
épousait un mari mineur :

« En un cas pot on retenir feme en bail comme sous-aagé, tout soit ce
qu'ele ait esté en aage et en homage de son fief; si comme se une femme
a douze ans acomplis et ele rechoit se terre, et fet son hommage, et
après se marie à un home qui soit sous-aagiés : en tel cas le seigneur de
par le femme requiet en bail; car li hons sous-aagé, qui l'a prise, n'est
pas rechus à l'ommage, devant qu'il soit en aage ; et ele puis qu'ele est
mariée n'a nul pooir de déservir son fief. Donques convient il que cil
qui devant tenoit le bail de le feme le rait et tiegne tant que li maris
de le feme soit aagiés, ou li sires du fief le porroit tenir par défaute
d'omme. Et ainsi créons noz qu'il en seroit qui en vaurroit plédier [4]. »

Telle devait être la pratique pour se conformer à la théorie;
mais, nous dit Beaumanoir :

« Ne porquant noz avons nous veu c'on le laissoit tenir à le femme,
mais nos créons que c'estoit par débonnèreté et non par droit. »

Peu à peu s'efface ainsi tout ce qu'une législation a de contraire aux mœurs d'une époque.

---

1. Li livres de jostice et de plet, p. 233.
2. *Ibid.*, p. 221.
3. Beaumanoir, XV, 20.
4. Beaumanoir, XV, 30.

En vertu de quel principe avait-on permis aux filles non mariées de tenir un fief? Ce principe n'était pas exprimé, mais il était celui-ci : Les femmes ont sur la terre féodale le même droit que sur la terre roturière. Pour être logique, il fallait supprimer le droit de mariage : on le fit peu à peu, mais enfin il disparut. Et c'est ainsi qu'en général, effaçant chaque jour les différences qui séparaient le fief du vilainage, faisant chaque jour pénétrer par leurs actes une nouvelle théorie sociale dans l'esprit de la nation, les gouvernements ont fini par ne plus laisser subsister du système féodal que quelques débris sans unité, des priviléges inexplicables aux yeux des jeunes générations et dès lors irrévocablement frappés d'un impitoyable arrêt.